LAO TSE

道德經 TAO TE KING

LAO TSE

道德經 TAO TE KING

EINE NEUE BEARBEITUNG VON GIA–FU FENG & JANE ENGLISH

Diederichs

Die Originalausgabe erschien unter dem Titel *Tao Te Ching*
bei Alfred A. Knopf Inc., New York

Aus dem Amerikanischen von Sylvia Luetjohann

Die Deutsche Bibliothek – CIP-Einheitsaufnahme
Laozi:
Tao-te-king = Daodejing/Lao Tse. Eine neue Bearb. von
Giafu Feng & Jane English. (Dt. Übers.: Sylvia Luetjohann).–
2. Aufl. – München: Diederichs, 1994
ISBN 3-424-01230-0
NE: Feng, Gia-fu (Bearb.); HST

2. Auflage 1994

Produktion: Tillmann Roeder, München
Gesamtherstellung: Jos. C. Huber KG, Dießen
Printed in Germany

ISBN 3-424-01230-0

LAO TSE UND DER TAOISMUS

Lao Tse, ein älterer Zeitgenosse des Konfuzius, war im sechsten Jahrhundert v. Chr. kaiserlicher Archivar in Loyang in der Provinz Honan. Während seines ganzen Lebens lehrte er: "Das Tao, das enthüllt werden kann, ist nicht das ewige Tao." Als er jedoch – so berichtet die altüberlieferte Legende – bekümmert über die Verhältnisse unter den Menschen in die Einsamkeit ritt, um dort zu sterben, wurde er von einem Grenzhüter im nordwestlichen China dazu überredet, seine Lehre für die Nachwelt niederzuschreiben.

Die Essenz des Taoismus ist in den einundachtzig Kapiteln – annähernd 5000 Worten – dieses Buches enthalten, das 2500 Jahre lang einen der hauptsächlichen und grundlegenden Einflüsse innerhalb der chinesischen Gedankenwelt und Kultur darstellte und auch in Sprichwörtern und Volksgut zutage tritt. Während der Konfuzianismus an alltäglichen Verhaltensmaßregeln interessiert ist, beschäftigt sich der Taoismus mit einer mehr spirituellen Seinsebene.

道可道非常道名可名非常名無名天地之始
有名萬物之母故常無欲以觀其妙
常有欲以觀其儌此兩者同出而異名
同謂之元元之又元衆妙之門

EINS

Der Weg, der mitgeteilt werden kann, ist nicht der ewige Weg.
Der Name, der genannt werden kann, ist nicht der ewige Name.
Das Namenlose ist der Anfang von Himmel und Erde.
Das Benannte ist die Mutter der zehntausend Dinge.
Allzeit ohne Wünsche, sieht man das Geheimnis.
Allzeit voller Wünsche, sieht man die Erscheinungsformen.
Ihr Ursprung ist derselbe, unterschiedlich sind ihre Namen,
sie erscheinen dunkel.
Dunkelheit inmitten von Dunkelheit.
Das Tor zu allem Geheimnis.

ZWEI

Wenn die ganze Welt Schönes als schön erkennt,
  entsteht das Häßliche.
Wenn die ganze Welt Gutes als gut erkennt,
  entsteht das Böse.

Sein und Nicht-Sein erschaffen einander.
Schwierig und einfach ergänzen einander.
Lang und kurz heben sich von einander ab;
Hoch und tief ruhen aufeinander;
Stimme und Klang schwingen miteinander;
Vorne und hinten folgen einander.

Die Weisen meditieren über das Nicht-Tun und lehren ohne Worte.
Sie beobachten, wie alle Dinge ins Leben bersten, ohne einzugreifen;
Gebären, ohne besitzen zu wollen;
Handeln, ohne Ansprüche zu stellen;
Aufgaben erfüllen, ohne dabei zu verweilen.
Ohne verweilen, kein verlieren.

天下皆知美之為美斯惡已皆知善之為善斯不善已
故有無相生難易相成長短相較高下相傾音聲相和前後相隨
是以聖人處無為之事行不言之教萬物作焉而不辭
生而不有為而不恃功成而弗居
夫唯弗居是以不去

不尚賢使民不爭不貴難得之貨使民不為盜

不見可欲使民心不亂

是以聖人之治虛其心實其腹弱其志强其骨

常使民無知無欲使夫智者不敢為也為無為則無不治

DREI

Die Weisen nicht erhöhen, beugt dem Streit vor.
Den Reichtum nicht schätzen, beugt dem Diebstahl vor.
Das Begehrenswerte nicht wahrnehmen, beugt der Verwirrung
des Herzens vor.

Die Weisen regieren, indem sie die Herzen leeren,
die Bäuche füllen,
Den Ehrgeiz schwächen und die Knochen stärken.
Halte die Menschen ständig unschuldig und wunschlos,
Dann werden sich die Schlauen nicht einmischen.
Wenn nichts getan wird, wird sich alles zum Guten fügen.

道冲而用之或不盈淵兮似萬物之宗挫其銳
解其紛和其光同其塵湛兮似或存
吾不知誰之子象帝之先

VIER

Der Weg durchdringt alles; er kann allzeit benutzt werden,
doch ist er niemals vollständig.
Oh, so unergründlich, vielleicht der Ursprung
der zehntausend Dinge!
Nimm die Schärfe,
Löse die Verwirrung,
Mildere das Grelle,
Werde eins mit dem Staub.
Oh, so tief verborgen, doch allzeit gegenwärtig!
Ich weiß nicht, wessen Kind er ist.
Er ist das Abbild der Kaiser des Altertums.

天地不仁以萬物為芻狗聖人不仁以百姓為芻狗
天地之間其猶橐籥乎虛而不屈動而愈出
多言數窮不如守中

FÜNF

Himmel und Erde sind unbarmherzig;
Sie sehen alle Dinge als Opferstrohhunde.
Die Weisen sind unbarmherzig;
Sie sehen die Menschen als Opferstrohhunde.

Ist es zwischen Himmel und Erde nicht wie ein Blasebalg?
Leer und doch fällt er nicht zusammen,
Je mehr er sich bewegt, desto mehr bringt er hervor.
Mehr Worte sagen weniger.
Halte an der Mitte fest.

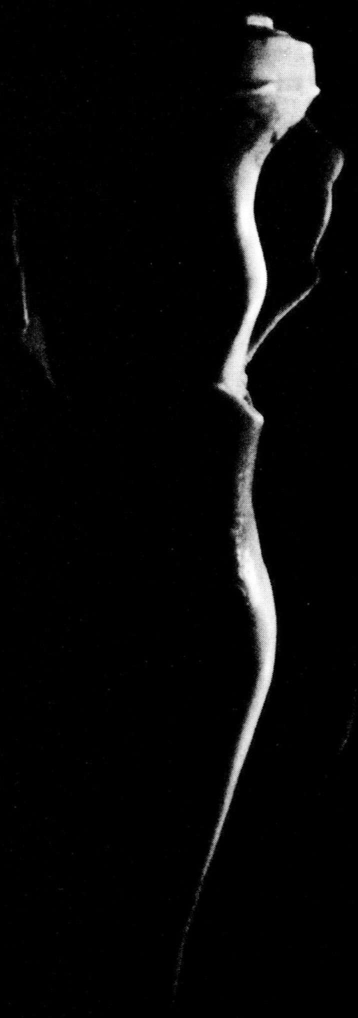

谷神不死是謂元牝元牝之門是謂天地根
緜緜若存用之不勤

SECHS

Der Geist des Tales ist unsterblich,
Er ist die Urmutter.
Ihr Tor ist die Wurzel von Himmel und Erde.
Ein schwebender Schleier, kaum zu sehen.
Nimm ihn; es wird niemals fehlschlagen.

天長地久天地所以能長且久者以其不自生

故能長生是以聖人後其身而身先外其身而身存

非以其無私耶故能成其私

SIEBEN

Der Himmel ist unvergänglich, die Erde besteht immerfort.
Warum ist das so?
Sie sind ungeboren,
Darum allzeit lebend.
Die Weisen treten zurück, und doch sind sie voraus.
Wenn das Selbst aufgegeben wird, wird es verwirklicht.
Wenn das Ich überschritten wird, gewinnt man Erfüllung.

上善若水水善利萬物而不爭處眾人之所惡
故幾於道居善地心善淵與善仁言善信正善治
事善能動善時夫唯不爭故無尤

ACHT

Das höchste Gut gleicht dem Wasser.
Wasser kommt den zehntausend Dingen zugute und kämpft nicht.
Es fließt an Orten, die die Menschen vermeiden,
So ist es nahe dem Weg.
Kein Kampf – kein Tadel.
Im Wohnen sei nahe dem Boden.
In der Meditation gehe tief ins Herz.
In Beziehungen sei sanft und freundlich.
In der Sprache sei offen und ehrlich.
Im Umgang mit Menschen sei fair und gerecht.
In allen Dingen sei sorgfältig und tüchtig.
In jeder Bewegung wähle den rechten Zeitpunkt.

持而盈之不如其已揣而梲之不可長保
金玉滿堂莫之能守富貴而驕自遺其咎
功遂身退天之道

NEUN

Plötzlich innehalten ist besser als bis zum Rand zu füllen.
Schärfe die Klinge übermäßig, und die Schneide wird bald stumpf.
Gold und Jade füllen die Halle, wer kann sie sicher aufbewahren?
Ruhm und Reichtum machen stolz, wer als man selbst ist zu tadeln?
Ziehe dich zurück, wenn die Leistung vollbracht ist.
Dies ist der Weg des Himmels.

載營魄抱一能無離乎專氣致柔能嬰兒乎

滌除元覽能無疵乎愛民治國能無知乎

天門開闔能無雌乎明白四達能無為乎

生之畜之生而不有為而不恃

長而不宰是謂元德

ZEHN

Kannst du das Eine mit Körper und Seele umfassen,
ohne Trennung?
Kannst du dich auf den Atem konzentrieren und geschmeidig werden
wie ein Neugeborenes?
Kannst du die Urwahrnehmung läutern und reinigen
wie makellose Jade?
Kannst du die Menschen lieben und das Land regieren
ohne Schläue?
Kannst du die Pforten des Himmels öffnen und schließen,
ohne Yin?
Kannst du zu allen Dingen klar und offen sein,
ohne zu handeln?

Gebären und nähren, ohne besitzen zu wollen,
Handeln, ohne Ansprüche zu stellen,
Wachsen lassen, ohne zu kontrollieren.

Das ist ursprüngliche Tugend.

三十輻共一轂當其無有車之用
埏埴以為器當其無有器之用
鑿戶牖以為室當其無有室之用
故有之以為利無之以為用

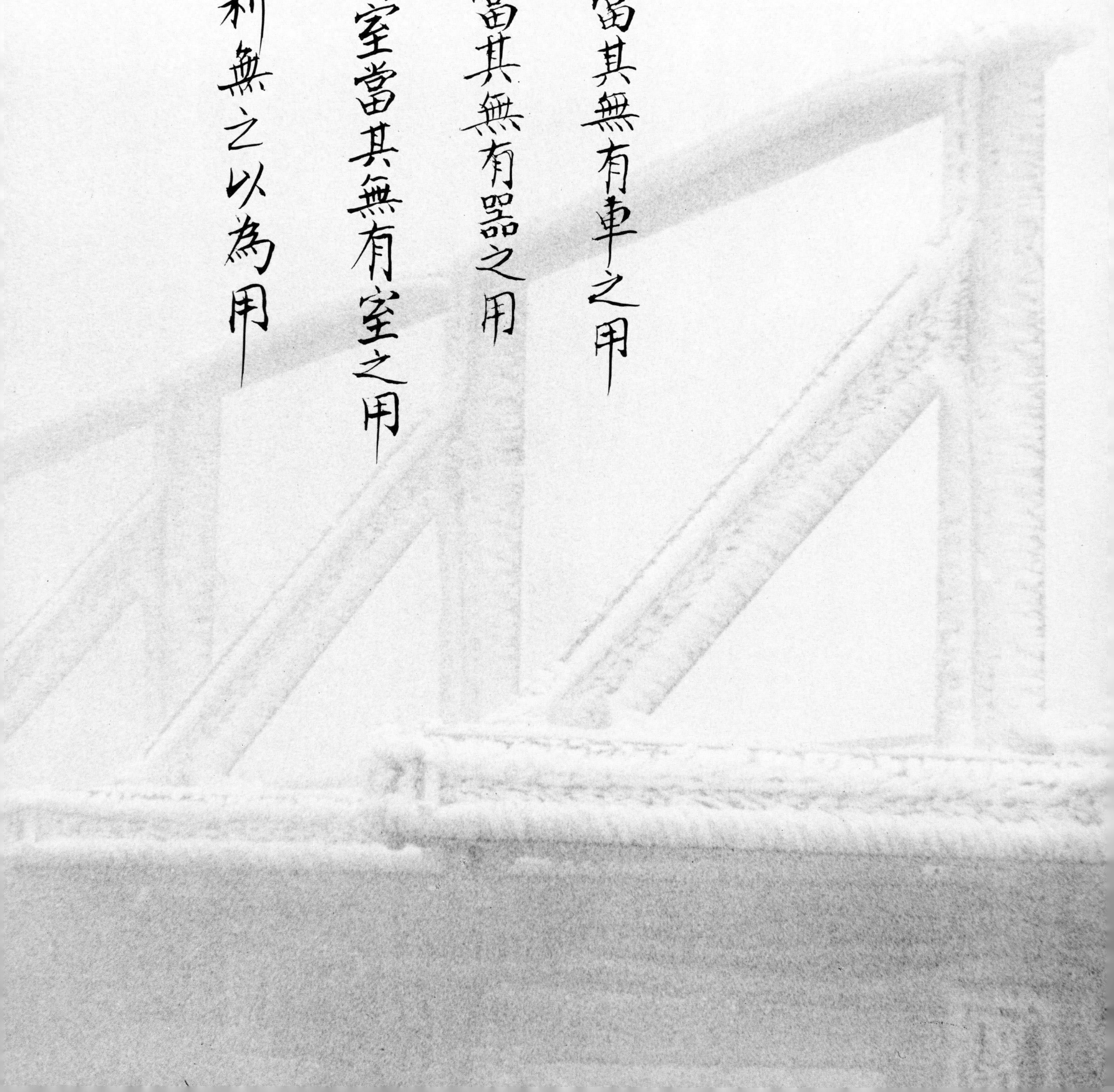

ELF

Dreißig Speichen teilen die Nabe;
Das Loch in der Mitte macht es brauchbar.
Forme Lehm zu einem Gefäß;
Der innere Raum macht es brauchbar.
Brich Türen und Fenster in ein Zimmer;
Die Öffnungen machen es brauchbar.

Man zieht Gewinn aus dem, was da ist;
Man zieht Nutzen aus dem, was nicht da ist.

ZWÖLF

Die fünf Farben blenden das Auge.
Die fünf Töne betäuben das Ohr.
Die fünf Würzen trüben den Geschmack.
Hetzen und Jagen machen den Verstand verrückt.
Kostbare Dinge führen in die Irre.

Die Weisen lassen sich vom Bauch leiten, nicht von den Augen.
Sie wählen dieses, anstatt jenes.

五色令人目盲五音令人耳聾五味令人口爽
馳騁畋獵令人心發狂難得之貨令人行妨
是以聖人為腹不為目
故去彼取此

寵辱若驚貴大患若身

何謂寵辱若驚寵為下得之若驚失之若驚是謂寵辱若驚

何謂貴大患若身吾所以有大患者為吾有身及吾無身吾有何患

故貴以身為天下若可寄天下愛以身為天下若可託天下

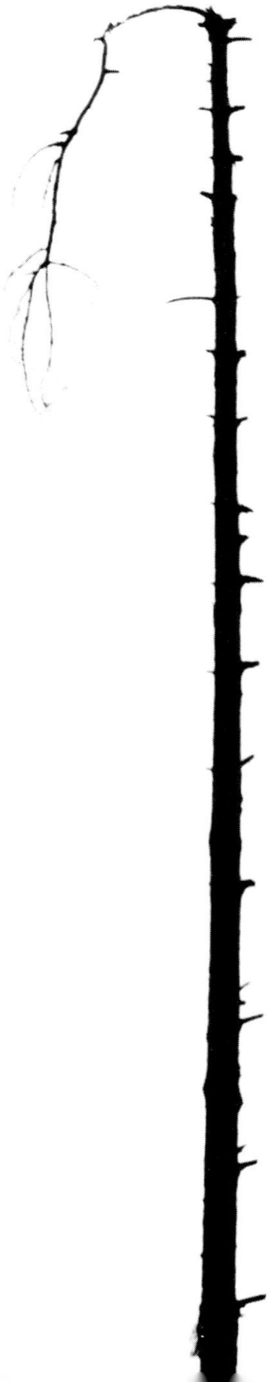

DREIZEHN

Nimm Schande mit Ehrfurcht hin.
Erlebe Unglück mit deinem ganzen Selbst.

Was bedeutet: "Nimm Schande mit Ehrfurcht hin"?
Nimm hin, daß du unwichtig bist.
Mit Ehrfurcht gewinnen und mit Ehrfurcht verlieren.
Das heißt Schande mit Ehrfurcht hinnehmen.

Was bedeutet: "Erlebe Unglück mit deinem ganzen Selbst"?
Unglück kommt aus dir selbst.
Ohne Selbst, wie könnte es da Unglück geben?

Schätze die Welt wie dich selbst;
Dann kannst du für die Welt sorgen.
Liebe die Welt wie dich selbst;
Dann kannst du der Welt dienen.

VIERZEHN

Schau, er kann nicht gesehen werden – er ist flüchtig.
Lausche, er kann nicht gehört werden – er ist geräuschlos.
Greife zu, er kann nicht gehalten werden – er ist unfaßbar.
Diese drei können nicht festgelegt werden;
Sie verschmelzen zu einem.

Wenn er aufsteigt, erglitzert er nicht;
Wenn er herabsteigt, verdunkelt er nicht:
Wie ein ununterbrochener Faden, ohne Namen,
Kehrt er ins Nichts zurück.
Die formlose Form,
Das bildlose Abbild,
Er entschwindet und schäumt hervor.

Stehe ihm gegenüber, und du siehst nicht sein Antlitz.
Folge ihm, und du siehst nicht seinen Rücken.
Verweile mit dem Weg der alten Zeit,
In seiner Gegenwart werden wir gewahr.

Den uralten Anfang zu kennen, das ist das Wesen des Weges.

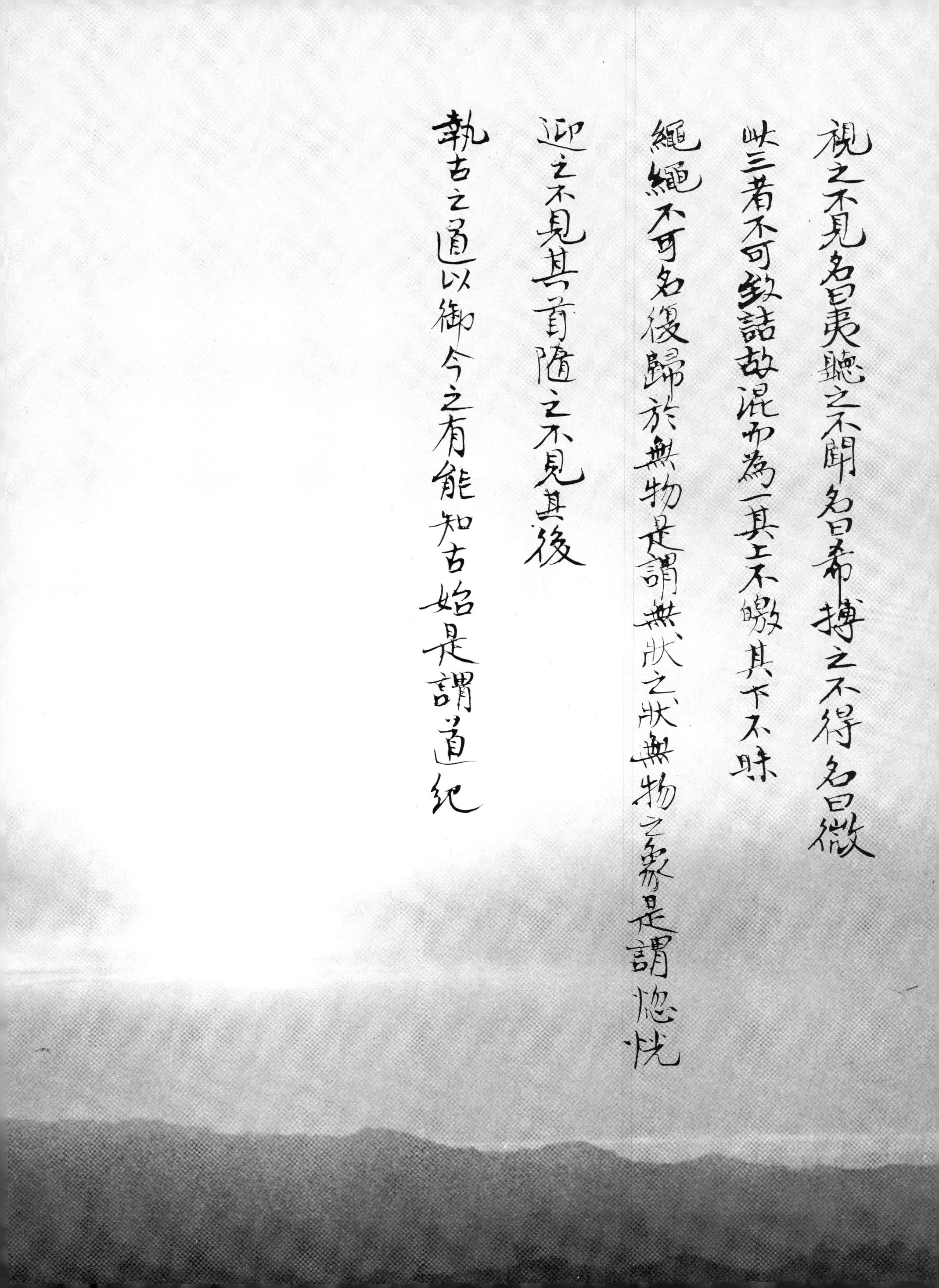

視之不見名曰夷聽之不聞名曰希搏之不得名曰微

此三者不可致詰故混而為一其上不皦其下不昧

繩繩不可名復歸於無物是謂無狀之狀無物之象是謂惚恍

迎之不見其首隨之不見其後

執古之道以御今之有能知古始是謂道紀

古之善為士者微妙玄通深不可識
夫唯不可識故強為之容
豫焉若冬涉川猶兮若畏四鄰儼兮其若容
渙兮若冰之將釋敦兮其若樸曠兮其若谷
混兮其若濁孰能濁以靜之徐清孰能安以久動之徐生
保此道者不欲盈夫唯不盈故能蔽不新成

FÜNFZEHN

Die alten Meister waren rätselhaft, elegant, tiefgründig
und scharfsinnig.
Unergründlich war die Tiefe ihres Wissens.
Da es so unergründlich war,
Laß uns versuchen ihr Auftreten zu beschreiben.
Vorsichtig, wie einen vereisten Winterstrom überquerend.
Wachsam, wie Nachbarn von allen Seiten befürchtend.
Duldsam, wie alles umfassend.
Nachgebend, wie schmelzendes Eis.
Einfach, wie ein unbehauener Block.
Leer, wie ein verborgenes Tal.
Undurchsichtig, wie ein trüber Tümpel.

Wer kann ruhig abwarten, bis der Schlamm sich setzt?
Wer kann in Ruhe verweilen, bis zum Augenblick der Handlung?
Wer dem Weg folgt sucht nicht Vollständigkeit.
Wenn man nicht Vollständigkeit sucht,
Kann man allzeit erschöpft sein, ohne sich auffrischen zu müssen.

致虛極守靜篤萬物並作吾以觀復夫物芸芸各復歸其根
歸根曰靜是謂復命復命曰常知常曰明
不知常妄作凶知常容容乃公公乃王
王乃天天乃道道乃久沒身不殆

SECHZEHN

Gelange zu äußerster Leere.
Bewahre höchste Gelassenheit.
Die zehntausend Dinge bersten ins Leben, während ich
ihre Rückkehr beobachte.
Alles Lebendige kehrt zu seinen Wurzeln zurück
und erreicht Gelassenheit.
Das heißt zur Bestimmung zurückkehren.
Zur Bestimmung zurückkehren heißt Beständigkeit.
Um Beständigkeit wissen ist Klarheit.
Um Beständigkeit nicht wissen ist Unglück.
Wenn man um Beständigkeit weiß, dann ist Nachsicht da.
Nachsicht führt zur Unparteilichkeit.
Unparteilichkeit bringt Edelsinn.
Durch edles Verhalten erreicht man das Göttliche.
Im Göttlichen ist man eins mit dem Weg.
Der Weg ist unvergänglich.
Der Körper schwindet dahin, der Weg stirbt nie.

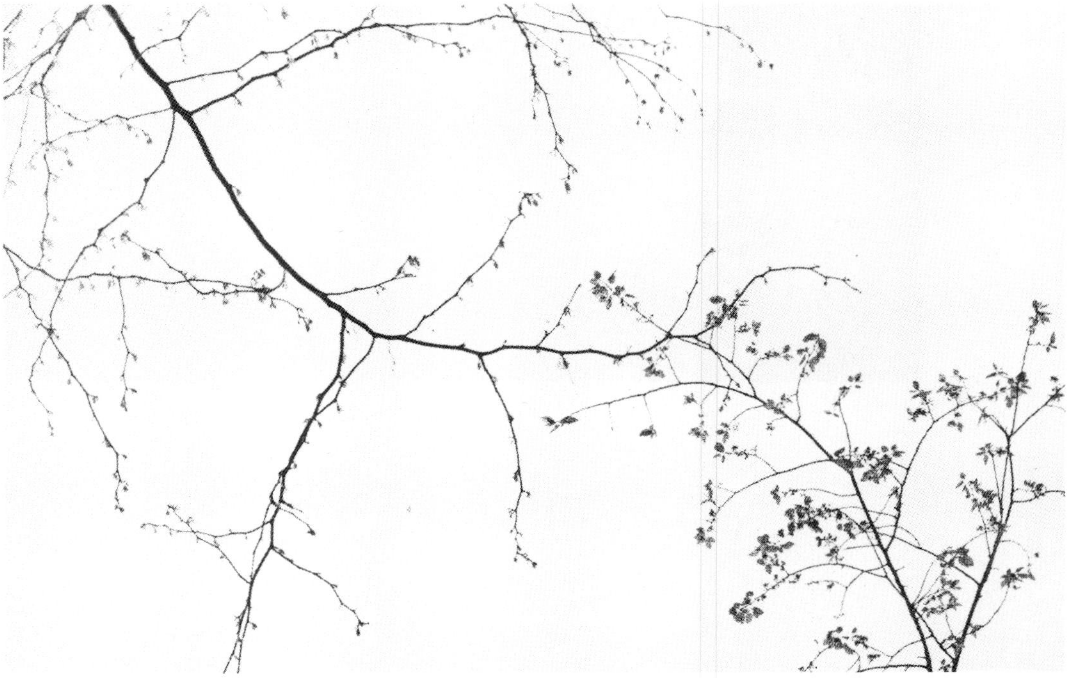

SIEBZEHN

Das Allererhabenste ist unter den Menschen kaum bekannt.
Darauf folgt das, was sie lieben und preisen,
Darauf das, was sie fürchten;
Darauf das, was sie verachten.

Wer nicht genug vertraut, wird kein Vertrauen finden.

Wenn Leistungen erbracht werden,
Ohne sich zu sorgen und kaum ein Wort,
Dann sagen die Leute: "Wir haben es gemacht!"

太上下知有之其次親而譽之
其次畏之其次侮之
信不足焉有不信焉
悠兮其貴言功成事遂百姓皆謂我自然

大道廢有仁義慧智出有大偽
六親不和有孝慈國家昏乱有忠臣

ACHTZEHN

Wenn der große Weg verfällt,
Entstehen Wohlwollen und Rechtschaffenheit.
Wenn Wissen und Intelligenz aufkommen,
Beginnt die große Heuchelei.

Wenn kein Frieden in der Familie herrscht,
Entstehen Respekt gegenüber den Eltern und Mitgefühl.
Wenn Korruption und Chaos in der Nation vorherrschen,
Erscheinen treue Minister.

絕聖棄智民利百倍

絕仁棄義民復孝慈絕巧棄利盜賊無有

此三者以為文不足故令有所屬見素抱樸少私寡欲

NEUNZEHN

Gib Heiligkeit auf, verzichte auf Wissen,
Es wird für alle hundert mal besser sein.

Gib Wohlwollen auf, verzichte auf Rechtschaffenheit,
Respekt gegenüber den Eltern und Mitgefühl werden
wiederhergestellt sein.

Gib Schläue auf, verzichte auf Gewinn,
Banditen und Diebe werden verschwinden.

Diese drei sind Erscheinungsformen; in sich sind sie
nicht vollständig.
Wesentlicher ist es,
Das Einfache zu sehen.
Umfasse deine wahre Natur,
Laß Selbstsucht fallen
Und mäßige das Verlangen.

絕學無憂唯之與阿相去幾何善之與惡相去若何
人之所畏不可不畏荒兮其未央哉
衆人熙熙如享太牢如春登臺我獨泊兮其未兆
如嬰兒之未孩儽儽兮若無所歸衆人皆有餘而我獨若遺
我愚人之心也哉沌沌兮俗人昭昭我獨昏昏
俗人察察我獨悶悶澹兮其若海飂兮若無止
衆人皆有以而我獨頑似鄙我獨異於人而貴食母

ZWANZIG

Gib das Lernen auf, und mache deinen Sorgen ein Ende.

Gibt es einen Unterschied zwischen Ja und Nein?
Gibt es einen Unterschied zwischen gut und böse?
Muß ich das fürchten, was andere fürchten? Wie sinnlos!
Gleich einer öden Wüste ohne Ende.

Leute laufen umher.
Jetzt genießen sie das Opferfest des Ochsen;
Nun besteigen sie die Bühne und feiern das Frühlingsfest;
Doch ich allein lasse mich treiben, weiß nicht wer ich bin.
Wie ein Neugeborenes, bevor es lernt zu lächeln.
Ich allein habe keinen Platz, wohin ich gehen kann.

Andere haben gefunden was sie wollen,
Doch ich allein scheine verloren zu sein.
Ich habe das Herz eines Narren! Wie verworren!
Andere sind klar,
Doch ich allein bin benommen.
Andere sind scharfsinnig,
Doch ich allein bin stumpfsinnig.
Ich treibe wie die Wellen auf der See,
Vom Wind bestimmt und richtungslos.

Andere haben etwas zu tun,
Doch ich allein bin tollkühn und fühle mich wertlos.
Ich bin anders.
Mich nährt meine Mutter.

孔德之容惟道是從道之為物惟恍惟惚
惚兮恍兮其中有象恍兮惚兮其中有物
窈兮冥兮其中有精其精甚真其中有信
自古及今其名不去以閱眾甫
吾何以知眾甫之狀哉以此

EINUNDZWANZIG

Die höchste Tugend ist dem Weg zu folgen und nur dem Weg allein.
Der Weg ist schwindend und hervorschäumend.
Wie hervorschäumend und schwindend ist er, und doch
ist darin ein Bild.
Wie schwindend und hervorschäumend ist er, und doch
ist darin Inhalt.
Wie tiefsinnig und undurchsichtig ist er, und doch
ist darin Gehalt.
Dieses Wesen ist zutiefst wahr, und darin liegt der Glaube.
Von Anbeginn bis Heute geriet sein Name nie in Vergessenheit.
Derart ist die Quelle aller Dinge.
Woher weiß ich das?
Eben daher.

曲則全枉則直窪則盈敝則新少則得多則惑
是以聖人抱一為天下式不自見故明不自是故彰不自伐故有功
不自矜故長夫唯不爭故天下莫能與之爭
古之所謂曲則全者豈虛言哉誠全而歸之

ZWEIUNDZWANZIG

Gib nach und sei siegreich.
Beuge dich und sei aufrecht.
Leere dich und sei erfüllt.
Erschöpfe dich und sei erneuert.
Besitze wenig und gewinne viel.
Besitze viel und sei verwirrt.

Die Weisen umfassen das Eine
Und werden zum Vorbild für die Welt.
Sie stellen sich nicht zur Schau,
Folglich sind sie berühmt.
Sie sind nicht rechtschaffen,
Folglich erreichen sie es.
Sie sind nicht überheblich.
Folglich haben sie Bestand.
Weil sie nicht streiten,
Streitet niemand in der Welt mit den Weisen.
Der alte Spruch: "Gib nach und sei siegreich"
Ist tatsächlich nicht umsonst gesprochen.
Sei wahrhaft eins und kehre zurück.

DREIUNDZWANZIG

Wenige Worte zu gebrauchen ist natürlich.
Heftige Winde währen nicht den ganzen Morgen.
Starker Regen währt nicht den ganzen Tag.
Warum ist das so?
Wegen Himmel und Erde.
Wenn Himmel und Erde die Dinge nicht verewigen können,
Wie ist es dann der Menschheit möglich?

Wer dem Weg folgt,
Gibt sich dem Weg hin.
Wer Tugend übt,
Gibt sich der Tugend hin.
Wer Verlust erfährt,
Gibt sich dem Verlust hin.
Wenn du dich dem Weg hingibst,
Bist du eins mit dem Weg.
Wenn du dich der Tugend hingibst,
Bist du eins mit der Tugend.
Wenn du dich dem Verlust hingibst,
Bist du eins mit dem Verlust.

Wer nicht genug vertraut,
wird kein Vertrauen finden.

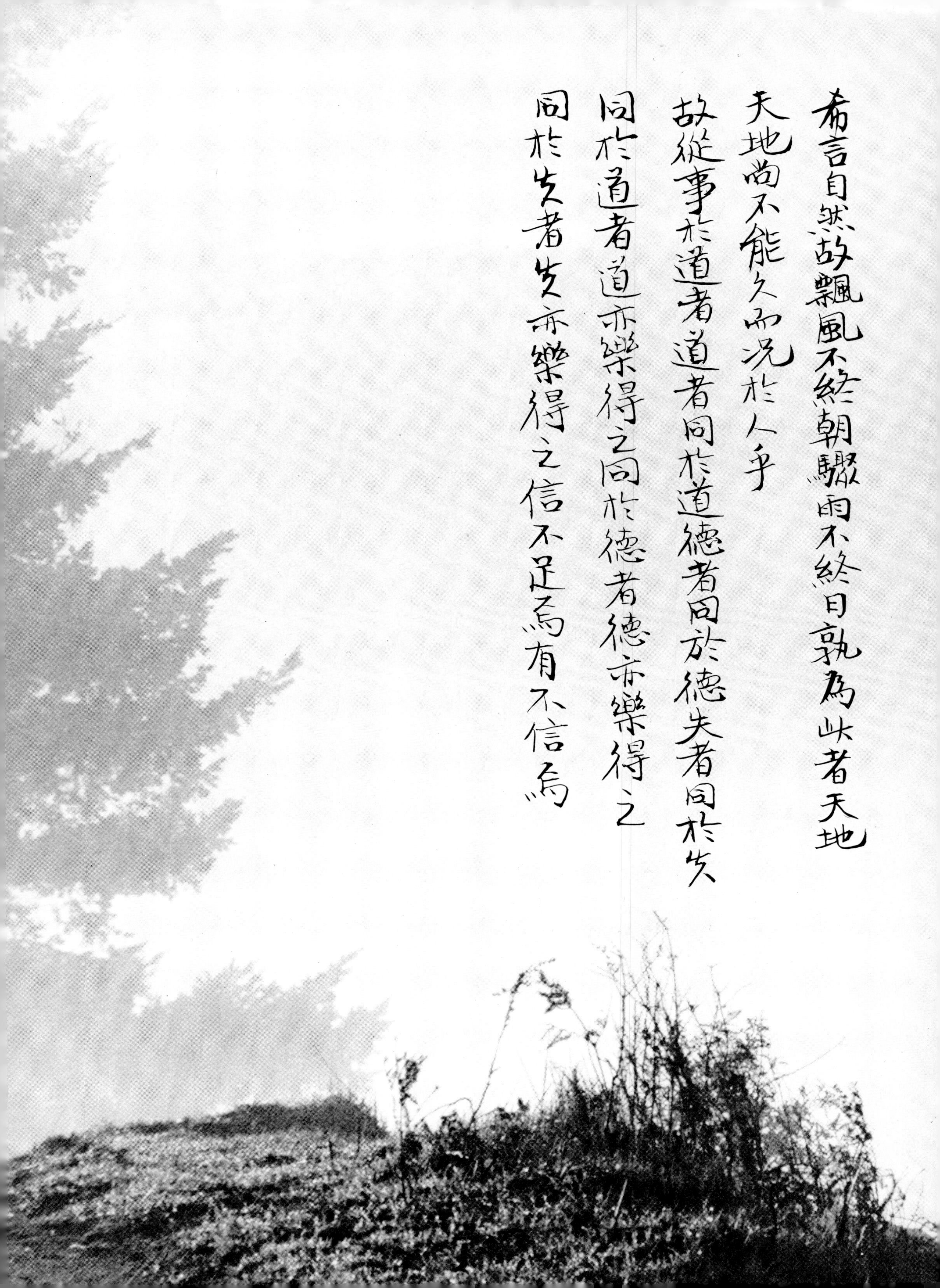

希言自然故飄風不終朝驟雨不終日孰為此者天地
天地尚不能久而況扵人乎
故從事扵道者道者同扵道德者同於德失者同扵失
同扵道者道亦樂得之同扵德者德亦樂得之
同扵失者失亦樂得之信不足焉有不信焉

企者不立跨者不行自見者不明
自是者不彰自伐者無功
自矜者不長其在道也曰
餘食贅行物或惡之故有道者不処

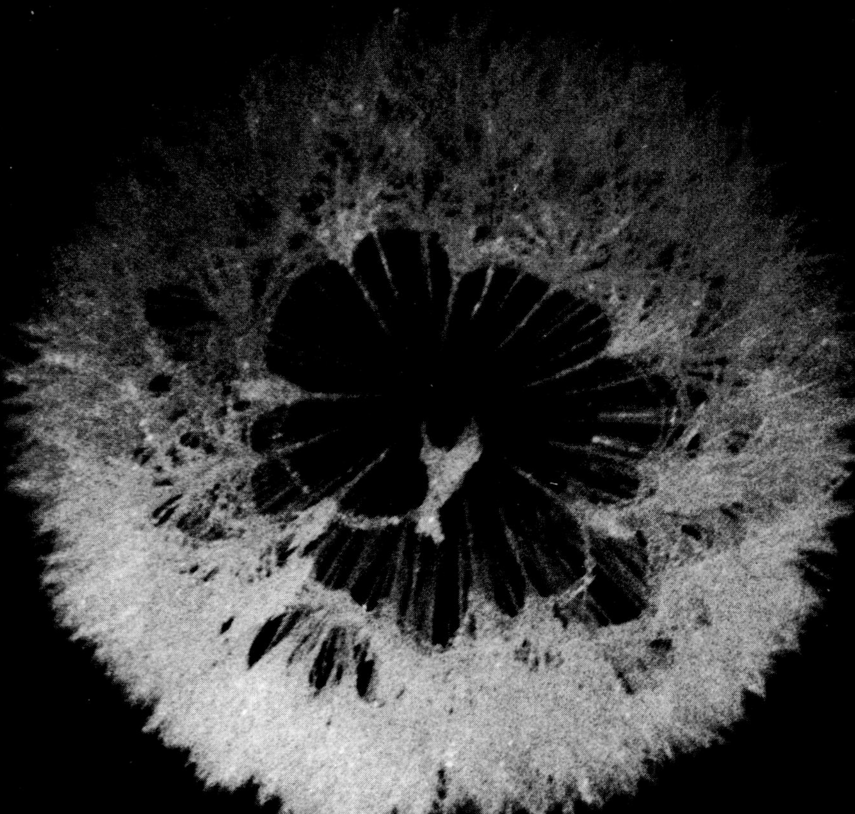

VIERUNDZWANZIG

Wer sich auf Zehenspitzen stellt, steht nicht.
Wer große Schritte macht, geht nicht.
Wer sich zur Schau stellt, ist nicht berühmt.
Wer rechtschaffen ist, ragt nicht hervor.
Wer etwas vorgibt zu sein, ist nicht erfolgreich.
Wer überheblich ist, hat keinen Bestand.
Die dem Weg folgen sagen:
"Dies ist unnötige Nahrung und überflüssiges Gepäck."
Sie vermeiden es
Und halten sich damit nicht auf.

有物混成先天地生
寂兮寥兮獨立不改周行而不殆可以為天下母
吾不知其名字之曰道強為之名曰大
大曰逝逝曰遠遠曰反故道大天大地大王亦大
域中有四大而王居其一焉人法地地法天天法道道法自然

FÜNFUNDZWANZIG

Irgend etwas war formlos vorhanden,
Vor Himmel und Erde geboren.
In der Stille und der Leere,
Unerschütterlich steht es für sich da,
Immer wiederkehrend ohne Unterlaß.
Vielleicht ist es die Mutter des Kosmos.
Ich kenne nicht seinen Namen.
Nenne es den Weg.
Da ich kein besseres Wort weiß, nenne ich es das Höchste.

Weil es das Höchste ist, dehnt es sich aus.
Es dehnt sich weit ins Jenseits.
Weit ins Jenseits gedehnt, kehrt es zurück.

Der Weg ist das Höchste;
Der Himmel ist das Höchste;
Die Erde ist das Höchste;
Der Herrscher ist auch das Höchste.
Dies sind die vier Höchsten im Universum,
Und der Herrscher ist nur einer von ihnen.

Die Menschheit folgt der Erde.
Die Erde folgt dem Himmel.
Der Himmel folgt dem Weg.
Der Weg folgt der Natur.

重為輕根靜為躁君
是以聖人終日行不離輜重雖有榮觀燕處超然
奈何萬乘之主而以身輕天下輕則失本躁則失君

SECHSUNDZWANZIG

Das Schwere ist die Wurzel des Leichten;
Die Stille ist der Herr der Bewegung.

Auch wenn die Weisen den ganzen Tag wandern,
Verlieren sie das Gepäck nicht aus den Augen.
Sie bleiben unberührt und sind erhaben,
Und das auch bei herrlichster Aussicht.

Wie könnte der Herr von zehntausend Streitwagen leichtfertig
gegenüber der Welt handeln?
Leicht sein heißt, die Basis verlieren.
Rastlos sein heißt, die Mitte verlieren.

SIEBENUNDZWANZIG

Eine gute Bewegung hinterläßt keine Spuren,
Eine gute Rede zeigt keine Mängel,
Ein guter Rechner braucht keinen Rechenstab.
Eine gute Tür braucht kein Schloß,
Und doch kann niemand sie öffnen.
Eine gute Bindung benötigt keinen Knoten,
Und doch kann niemand sie lösen.

Die Weisen sorgen für alle Menschen
Und lassen niemanden aus.
Sie sorgen für alle Dinge
Und lassen nichts aus.

Dies wird "mit dem inneren Licht verschmelzen" genannt.

Der gute Mensch ist der Lehrer des schlechten Menschen.
Der schlechte Mensch ist der Helfer des guten.
Wenn der Lehrer nicht geachtet wird,
Und der Helfer nicht geliebt wird,
So schlau man auch sein mag,
Es führt in die Irre.
Das ist das Wesen des Geheimnis.

善行無轍迹善言無瑕謫善數不用籌策
善閉無關楗而不可開善結無繩約而不可解
是以聖人常善救人故無棄人常善救物故無棄物
是謂襲明故善人者不善人之師
不善人者善人之資不貴其師
不愛其資雖智大迷是謂要妙

知其雄守其雌為天下谿為天下谿常德不離復歸於嬰兒
知其白守其黑為天下式為天下式常德不忒復歸於無極
知其榮守其辱為天下谷為天下谷常德乃足復歸於樸
樸散則為器聖人用之則為官長故大制不割

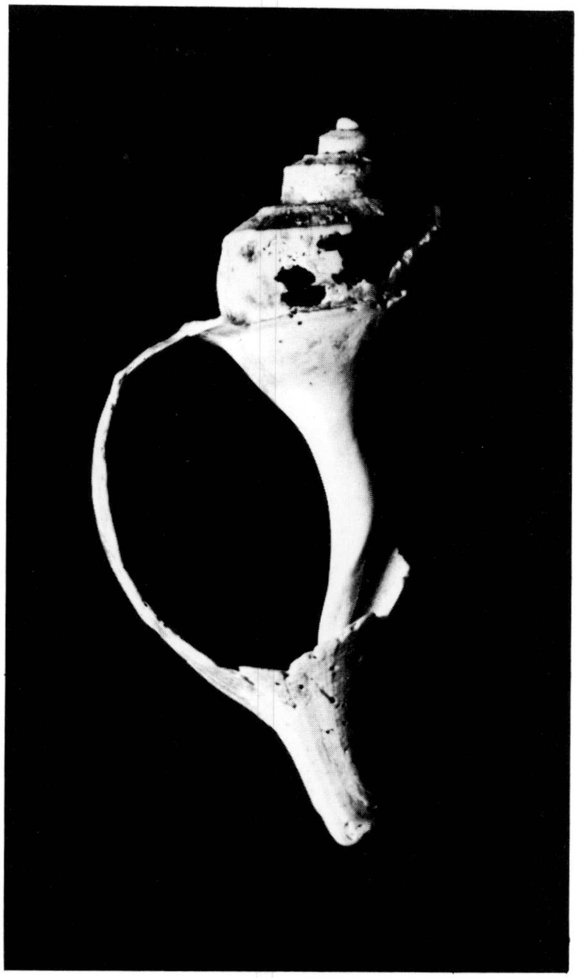

ACHTUNDZWANZIG

Wisse um das Männliche,
Sei das Weibliche!
Fließe wie der Strom des Universums!
Als Strom des Universums,
Allzeit tugendhaft und standhaft,
Sei wieder wie ein Kind.

Wisse um das Helle,
Sei das Dunkle!
Handle wie ein Vorbild für die Welt!
Als Vorbild für die Welt,
Allzeit tugendhaft und unerschütterlich,
Kehre noch einmal zurück in die Leere.

Wisse um Ruhm,
Sei das Bescheidene!
Sei das Tal der Erde!
Als Tal der Erde,
Allzeit tugendhaft und zufrieden,
Kehre noch einmal zum unbehauenen Block zurück.

Wenn der Block aufgebrochen wird, wird ein Gefäß daraus gemacht.
Die Weisen benutzen es um zu regieren.
Ein guter Schneider schneidet wenig.

NEUNUNDZWANZIG

Denkst du etwa, du kannst das Universum nehmen und es umwandeln?
Ich glaube nicht, daß es möglich ist.

Das Universum ist heilig.
Es kann nicht umgewandelt werden.
Es umzuwandeln heißt, es zu zerstören.
Es zu ergreifen heißt, es zu verlieren.

Manchmal voraus, manchmal zurück,
Manchmal klagend, manchmal seufzend;
Manchmal stark, manchmal schwach;
Manchmal zerstörend, manchmal zerstört.

Die Weisen vermeiden Extreme, Maßlosigkeit und Selbstgefälligkeit.

將欲取天下而為之吾見其不得已
天下神器不可為也為者敗之執者失之
故物或行或隨或歔或吹或强或羸或挫或隳
是以聖人去甚去奢去泰

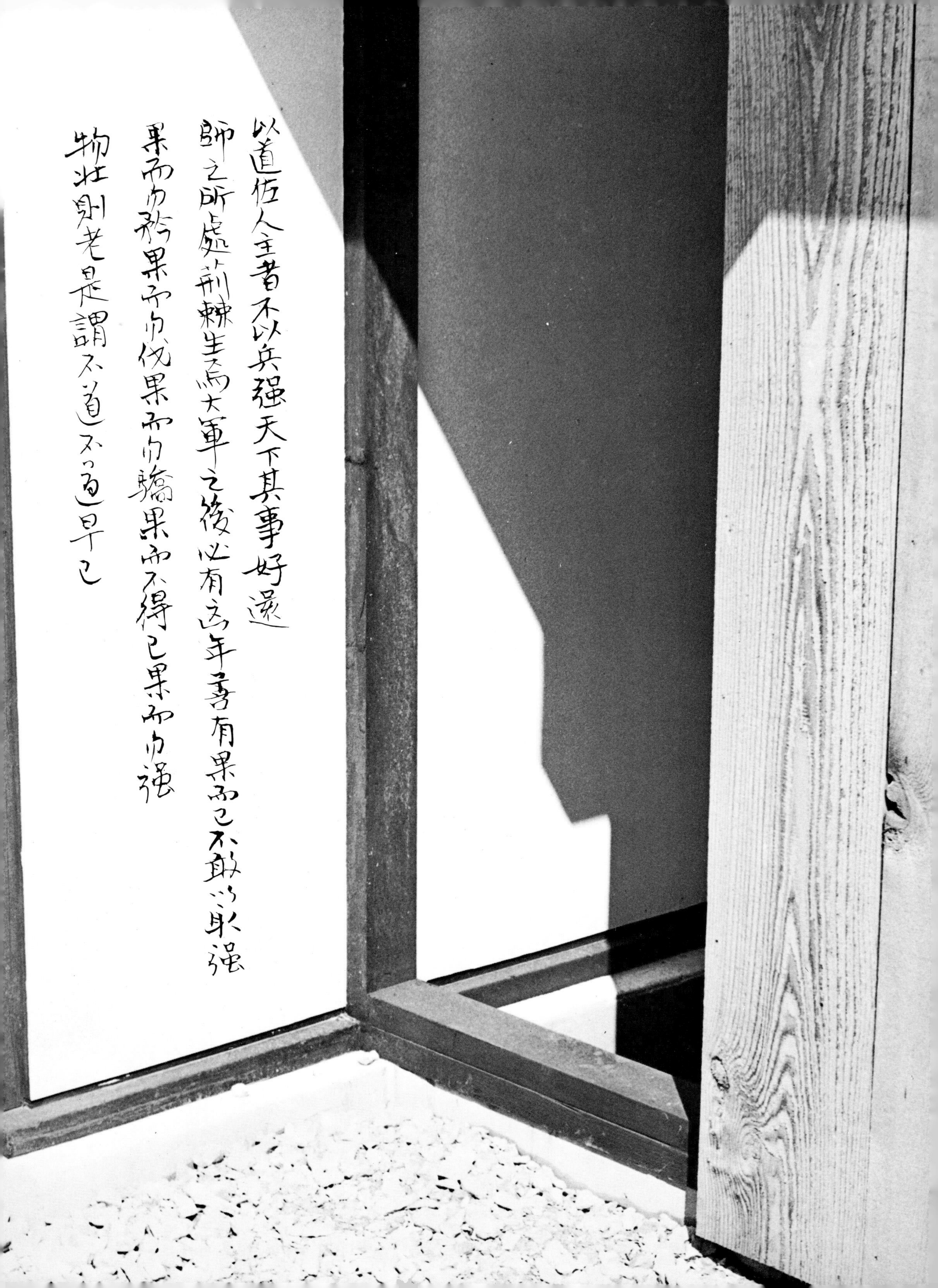
以道佐人主者不以兵强天下其事好還
師之所處荊棘生焉大軍之後必有凶年善有果而已不敢以取强
果而勿矜果而勿伐果而勿驕果而不得已果而勿强
物壯則老是謂不道不道早已

DREISSIG

Unterweise einen Herrscher in der Art des Weges;
Rate ihm keine Gewalt anzuwenden im Umgang mit der Welt.
Gewalt erzeugt Gewalt.
Wo immer die Armee vorbeizog, schießt Dornengestrüpp hervor.
Magere Jahre folgen auf einen großen Krieg.
Sei einfach entschlossen.
Wage nicht auf Gewalt zurückzugreifen.

Sei entschlossen,
Ohne zu prahlen,
Sei entschlossen,
Ohne dich zu rühmen.
Sei entschlossen,
Ohne Überheblichkeit.
Sei entschlossen,
Denn das ist der natürliche Weg.
Sei entschlossen,
Jedoch nicht mit Gewalt.

Ein wuchtiger Stoß ist nicht von Dauer.
Dies ist nicht die Art des Weges.
Was dem Weg widerspricht, findet ein frühes Ende.

夫佳兵者不祥之器物或惡之故有道者不處
君子居則貴左用兵則貴右兵者不祥之器非君子之器
不得已而用之恬淡為上勝而不美而美之者是樂殺人
夫樂殺人者則不可以得志於天下矣吉事尚左凶事尚右
偏將軍居左上將軍居右言以喪禮處之
殺人之眾以哀悲泣之戰勝以喪禮處之

EINUNDDREISSIG

Gute Waffen sind Werkzeuge schlechter Vorzeichen.
Sie werden von allen gemieden.
Die dem Weg folgen, benutzen sie nie.
Die Weisen bevorzugen die Linke zu Hause,
Und bevorzugen die Rechte im Krieg.

Waffen sind Werkzeuge schlechter Vorzeichen.
Sie sind nicht Werkzeuge der Weisen,
Und sie werden nur benutzt wenn es keine andere Wahl gibt.
Frieden und Ruhe sind dem Herzen lieb,
Und Sieg kein Grund zur Freude.
Wer sich am Sieg erfreut, hat Gefallen am Töten;
Wer Gefallen am Töten hat, dessen Wille wird sich
in der Welt nicht durchsetzen.

Bei freudigen Anlässen wird der Linken Vorzug gegeben,
Bei traurigen Anlässen wird der Rechten Vorzug gegeben.
In der Armee steht der Feldherr zur Linken,
Der Oberbefehlshaber zur Rechten.
Dies bedeutet, daß der Krieg wie ein Begräbnis begangen wird.
Wenn viele Menschen getötet werden,
Sollten sie beweint und beklagt werden.
Deshalb muß ein Sieg wie ein Begräbnis begangen werden.

道常無名樸雖小天下莫能臣也侯王若能守之萬物將自賓
天地相合以降甘露民莫之令而自均
始制有名名亦既有夫亦將知止知止可以不殆
譬道之在天下猶川谷之於江海

ZWEIUNDDREISSIG

Der Weg bleibt für immer unbestimmt.
Obschon er klein ist, kann keiner in der Welt ihn ergreifen.
Wenn Prinzen und Herren ihn nutzen könnten,
Würden die zehntausend Dinge auf natürliche Weise folgen.
Himmel und Erde würden zusammen kommen,
Und süßer Tau würde fallen.
Alle Dinge würden sich ins Gleichgewicht bringen,
  Und Einmischung wäre nicht notwendig.

Als Gesetz und Ordnung anfingen sich durchzusetzen,
  kamen Namen auf.
Es gibt bereits genug Namen.
Man muß wissen, wann innezuhalten ist.
Wer weiß wann innezuhalten ist, wird niemals fehlschlagen.
Der Weg auf Erden ist wie ein Fluß im Tal, der heimfließt zum Meer.

知人者智自知者明勝人者有力自勝者強

知足者富強行者有志不失其所者久死而不亡者壽

DREIUNDDREISSIG

Andere zu kennen bedeutet Weisheit,
Sich selbst zu kennen bedeutet Einsicht.
Andere zu bezwingen erfordert Kraft;
Sich selbst zu bezwingen erfordert Stärke.

Zufrieden sein heißt reich sein.
Mit Nachdruck etwas durchführen bedeutet Wille.
Seinen Platz nicht verlieren heißt Bestand haben.
Sterben und doch weiterleben bedeutet Unsterblichkeit.

大道氾兮其可左右万物恃之而生而不辞功成不名有
衣養万物而不為主常無欲可名於小
万物歸焉而不為主可名為大
以其終不自為大故能成其大

VIERUNDDREISSIG

Der große Weg durchdringt alles, mal zur Linken, mal zur Rechten.
Er versorgt die zehntausend Dinge ohne Zögern.
Er erfüllt seinen Zweck ohne Ansprüche zu stellen.

Er kleidet und nährt die zehntausend Dinge,
Doch kommandiert sie nicht.
Stets ohne Wunsch, sein Name ist klein.

Die zehntausend Dinge kehren zu ihm zurück,
Doch beherrscht er sie nicht.
Sein Name ist groß.

Weil er keinen Anspruch auf Größe stellt,
Ist er wahrlich groß.

執大象天下往往而不害安平太樂與餌過客止

道之出口淡乎其無味視之不足見聽之不足聞用之不足既

FÜNFUNDDREISSIG

Die ganze Welt wird sich um den scharen, der den großen Weg bewahrt,
Denn darin liegt Friede, Glück und Segen.

Wanderer mögen für Musik und gutes Essen haltmachen,
Wenn der Weg den Mund verläßt,
Scheint er mild und geschmacklos zu sein.
Schau, er kann nicht gesehen werden.
Lausche, er kann nicht gehört werden.
Und doch kann er nicht erschöpft werden.

SECHSUNDDREISSIG

Was schrumpft,
Muß sich zuerst ausdehnen.
Was schwach wird,
Muß zuerst gestärkt werden.
Was abgebrochen wird,
Muß zuerst aufgebaut werden.
Was genommen wird,
Muß zuerst gegeben werden.

Das ist die geheime Weisheit.
Weiches und Schwaches besiegt Hartes und Starkes.

Fische können tiefe Wasser nicht verlassen,
Und die Waffen eines Landes sollten nicht zur Schau gestellt werden.

將欲歙之必固張之將欲弱之必固強之
將欲廢之必固興之將欲奪之必固與之
是謂微明柔弱勝剛強魚不可脫於淵
國之利器不可以示人

道常無有而無不為侯王若能守之
萬物將自化化而欲作吾將鎮之以無名之樸
無名之樸夫亦將無欲不欲以靜天下將自定之

SIEBENUNDDREISSIG

Der Weg verweilt im Nicht-Tun,
Doch nichts bleibt ungetan.
Wenn Prinzen und Herren dies beachteten,
Würden sich alle Dinge auf natürliche Weise umwandeln.
Nach der Umwandlung ist Verlangen nach Handlung da,
Sei besser in der ursprünglichen Natur verwurzelt.
Ohne Verlangen ist Gelassenheit da.
Die ganze Welt wird von selbst in Frieden sein.

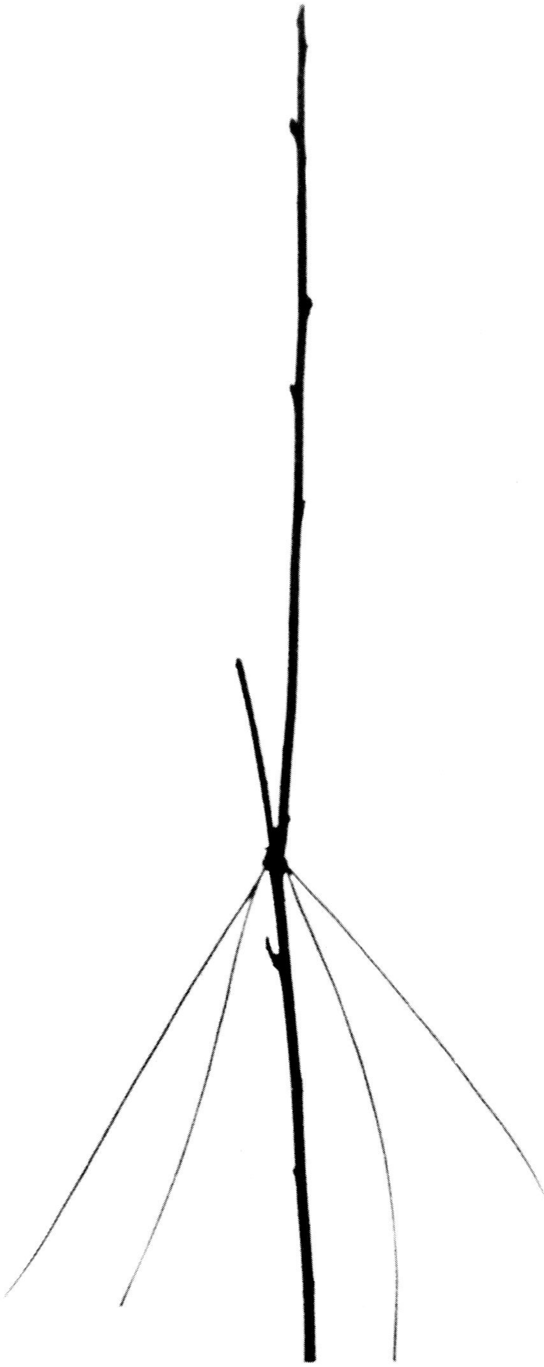

上德不德是以有德下德不失德是以無德
上德無為而無以為下德為之而有以為
上仁為之而無以為上義為之而有以為上禮為之而莫之應則攘臂而扔之
故失道而後德失德而後仁失仁而後義失義而後禮夫禮者忠信之薄而乱之首
前識者道之華而愚之始是以大丈夫處其厚不居其薄處其實不居其華
故去彼取此

ACHTUNDDREISSIG

Der wahrhaft Tugendhafte ist sich seiner Tugend nicht bewußt,
Daher hat er Tugend.
Der minder Tugendhafte versucht die Tugend nicht zu verlieren,
Daher hat er keine Tugend.

Der wahrhaft Tugendhafte tut nichts,
Doch läßt nichts ungetan.
Der minder Tugendhafte tut etwas,
Doch läßt etwas übrig zu tun.

Der wahrhaft Wohlwollende tut etwas, doch läßt nichts ungetan.
Der wahrhaft Rechtschaffene tut etwas, doch läßt etwas ungetan.
Der wahrhaft Anständige tut etwas, und niemand spricht darauf an;
So krempelt er die Ärmel hoch um Ordnung zu erzwingen.

Wenn der Weg verloren ist, dann ist Tugend da.
Wenn Tugend verloren ist, dann ist Wohlwollen da.
Wenn Wohlwollen verloren ist, dann ist Rechtschaffenheit da.
Wenn Rechtschaffenheit verloren ist, dann ist Anstand da.
Anstand ist oberflächliche Treue und Vertrauen,
er ist der Kern von Verwirrung.
Wissen um die Zukunft ist ein blumenreicher Weg,
Es ist der Anfang von Torheit.

Die wahrhaft Großen verweilen in dem, was tief ist,
und nicht in dem, was seicht ist,
Bei der Frucht und nicht bei der Blüte.
Deshalb halten sie fest an diesem und lassen jenes los.

昔之得一者天得一以清地得一以寧神得一以靈谷得一以盈萬物得一以生侯王得一以為天下貞
其致之天無以清將恐裂地無以寧將恐發神無以靈將恐歇谷無以盈將恐竭
萬物無以生將恐滅侯王無以貴高將恐蹶故貴以賤為本高以下為基
是以侯王自謂孤寡不穀此非以賤為本耶非乎故致數輿無輿不欲琭琭如玉珞珞如石

NEUNUNDDREISSIG

Es gab jene, die seit alten Zeiten das Eine erlangen:
Der Himmel erlangt das Eine und ist rein.
Die Erde erlangt das Eine und ist göttlich.
Der Strom im Tal erlangt das Eine und ist vollkommen.
Die zehntausend Dinge erlangen das Eine und sind geboren.
Prinzen und Herren erlangen das Eine und Ergebenheit
ist im Überfluß vorhanden.
Sie alle sind nur aufgrund des Einen.

Wäre der Himmel nicht rein, er würde zerspringen.
Hätte die Erde keinen Frieden, sie würde sich spalten.
Wäre der Geist nicht göttlich, er würde an Wirksamkeit verlieren.
Wäre der Strom des Tales nicht vollkommen, er würde austrocknen.
Wären die zehntausend Dinge nicht geboren, sie würden aussterben.
Würden Prinzen und Herren nicht geachtet, das Land würde zerfallen.

Deshalb ist Bescheidenheit die Wurzel des Edlen.
Das Niedrige ist die Grundlage des Hohen.
Prinzen und Herren betrachten sich als
"verwaist", "verwitwet" und "wertlos".
Sind sie nicht in der Bescheidenheit verwurzelt?

Viele Wagen bedeuten keinen Wagen.
Klingele nicht wie Jade,
Poltere lieber wie Stein.

VIERZIG

Zurückkehren ist die Bewegung des Weges.
Nachgeben ist die Art des Weges.
Die zehntausend Dinge sind aus dem Etwas geboren.
Etwas ist aus dem Nichts geboren.

反者道之動弱者道之用
天下萬物生於有有生於無

EINUNDVIERZIG

Der höchste Gelehrte hört vom Weg und übt ihn sorgfältig.
Der gewöhnliche Gelehrte hört vom Weg und denkt hin und wieder daran.
Der geringe Gelehrte hört vom Weg und lacht schallend.
Gäbe es kein Gelächter, wäre es nicht der Weg.

Daher heißt es:
Der offensichtliche Pfad erscheint verborgen;
Vorwärts gehen erscheint als Rückzug;
Der einfache Pfad erscheint schwierig;
Höchste Tugend erscheint unaufrichtig;
Große Reinheit erscheint befleckt;
Überfluß an Tugend erscheint oberflächlich;
Das wirklich Wesentliche erscheint vergänglich;
Der größte Raum hat keine Ecken;
Große Talente reifen spät;
Die höchsten Töne sind kaum zu hören;
Die höchste Anschauung hat keine Form.
Der Weg ist verborgen und namenlos.
Allein der Weg verleiht sich selbst Vollendung.

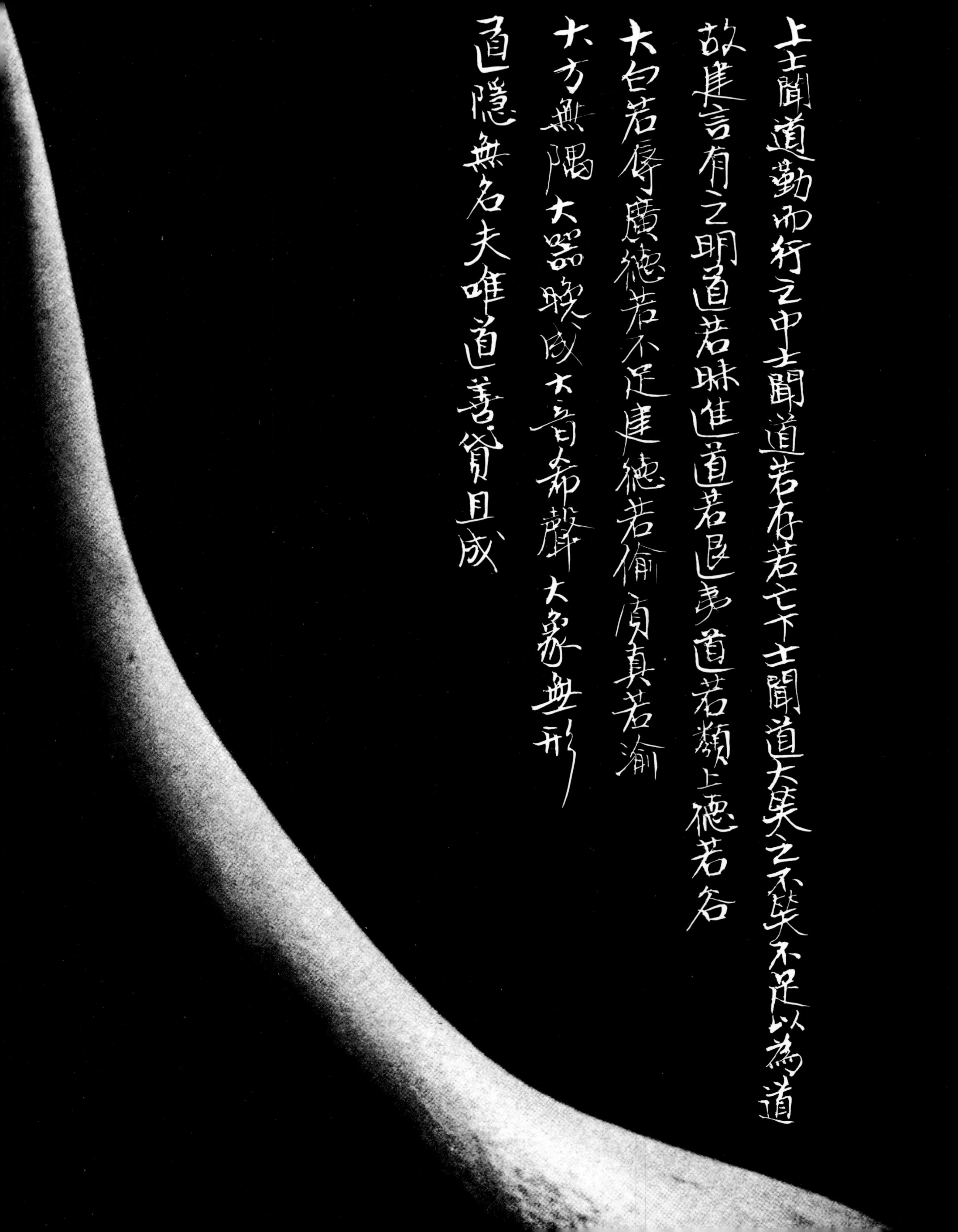

上士聞道勤而行之中士聞道若存若亡下士聞道大笑之不笑不足以為道
故建言有之明道若昧進道若退夷道若纇上德若谷
大白若辱廣德若不足建德若偷質真若渝
大方無隅大器晚成大音希聲大象無形
道隱無名夫唯道善貸且成

道生一一生二二生三三生万物万物負陰而抱陽冲氣以為和
人之所惡唯孤寡不穀而王公以為稱故物或損之而益或益之而損
人之所教我亦教之強梁者不得其死吾將以為教父

ZWEIUNDVIERZIG

Der Weg erzeugte Eins.
Eins erzeugte Zwei.
Zwei erzeugte Drei.
Und Drei erzeugte die zehntausend Dinge.

Die zehntausend Dinge tragen das Yin und umfassen das Yang.
Durch Verschmelzen ihrer Energien erreichen sie Einklang.

Die Menschen hassen es "verwaist", "verwitwet" und "wertlos" zu sein,
Doch so sprechen Prinzen und Herren von sich.

Denn man gewinnt durch Verlust
Und verliert durch Gewinn.

Was andere lehren, lehre auch ich:
"Ein gewalttätiger Mensch stirbt einen gewaltsamen Tod."
Das ist der Kern meiner Lehre.

DREIUNDVIERZIG

Das Allerweichste im Universum
Durchdringt das Allerhärteste.
Das was nicht stofflich ist, kann auch dort eindringen, wo kein Raum ist.
Daher weiß ich um den Nutzen des Nicht-Tuns.

Die Lehre ohne Worte und Nutzen des Nicht-Tuns
Wird nur von wenigen verstanden.

天下之至柔馳騁天下之至堅無有入無間
吾是以知無為之有益
不言之教無為之益天下希及之

名與身孰親身與貨孰多得與亡孰病
是故甚愛必大費多藏必厚亡
知足不辱知止不殆可以長久

VIERUNDVIERZIG

Ruhm oder Selbst: was ist wichtiger?
Selbst oder Reichtum: was zählt mehr?
Gewinn oder Verlust: was schadet mehr?

Große Zuneigung verursacht große Besorgnis.
Übermäßiger Vorrat bringt schweren Verlust.
Selbstzufriedenheit bringt keine Schande.
Zu wissen, wann innezuhalten ist, vermeidet Ärgernis.
Dies ist die Art, für immerfort zu bestehen.

FÜNFUNDVIERZIG

Höchste Vollkommenheit erscheint unvollkommen,
Ihre Anwendung kann nicht vermindert werden.
Höchste Fülle erscheint unzureichend,
Ihr Gebrauch kann nicht erschöpft werden.

Höchste Aufrichtigkeit erscheint krumm.
Höchste Klugheit erscheint schwerfällig.
Höchste Redegewandtheit erscheint stotternd.

Bewegung besiegt Kälte.
Stille besiegt Hitze.
Stille und Gelassenheit bringen alle Dinge in Ordnung.

大成若缺其用不敝大盈若冲其用不窮

大直若屈大巧若拙大辯若訥

躁勝寒靜勝熱清靜為天下正

天下有道卻走馬以糞天下無道戎馬生於郊罪莫大於可欲
禍莫大於不知足咎莫大於欲得故知足之足常足矣

SECHSUNDVIERZIG

Wenn der Weg in der Welt gegenwärtig ist,
Transportieren Rennpferde den Mist.
Wenn der Weg von der Welt fern ist,
Werden auf dem Land Kampfrosse gezüchtet.

Es gibt keine größere Sünde als Verlangen,
Keinen größeren Fluch als Unzufriedenheit,
Kein größeres Verbrechen als Habgier.
Wer weiß, daß genug genug ist, wird immer genug haben.

不出户知天下不闚牖見天道其出弥遠其知弥少

以是聖人不行而知不見而名不爲而成

SIEBENUNDVIERZIG

Ohne aus der Tür zu treten, kannst du die Wege der Welt kennen.
Ohne aus dem Fenster zu schauen, kannst du die Wege des Himmels kennen.
Je weiter du gehst, desto weniger weißt du.

Die Weisen wissen, ohne zu reisen,
Benennen, ohne zu sehen;
Wirken, ohne zu handeln.

為學日益為道日損
損之又損以至於無為無為而無不為
取天下常以無事及其有事不足以取天下

ACHTUNDVIERZIG

Im Streben nach Gelehrsamkeit kommt jeden Tag etwas hinzu.
Im Streben nach dem Weg wird jeden Tag etwas weniger.

Vermindere und vermindere weiter,
Bis nichts mehr getan werden muß.
Wenn nichts getan wird, bleibt nichts ungetan.

Die Welt wird durch Nicht-Eingreifen regiert.
Sie kann nicht durch Eingreifen regiert werden.

NEUNUNDVIERZIG

Die Ansichten der Weisen sind flexibel.
Sie sind sich der Ansichten aller Menschen bewußt.

Ich bin gütig zu Menschen, die gut sind.
Ich bin auch gütig zu Menschen, die nicht gut sind.
Güte ist Tugend.
Ich vertraue Menschen, die vertrauenswürdig sind.
Ich vertraue auch Menschen, die nicht vertrauenswürdig sind.
Vertrauen ist Tugend.

Die Weisen treten in der Welt leise auf
Und verschmelzen mit den Ansichten aller Menschen.
Die Menschen richten ihre Augen und Ohren auf die Weisen,
Die sie ernähren wie ihre Kinder.

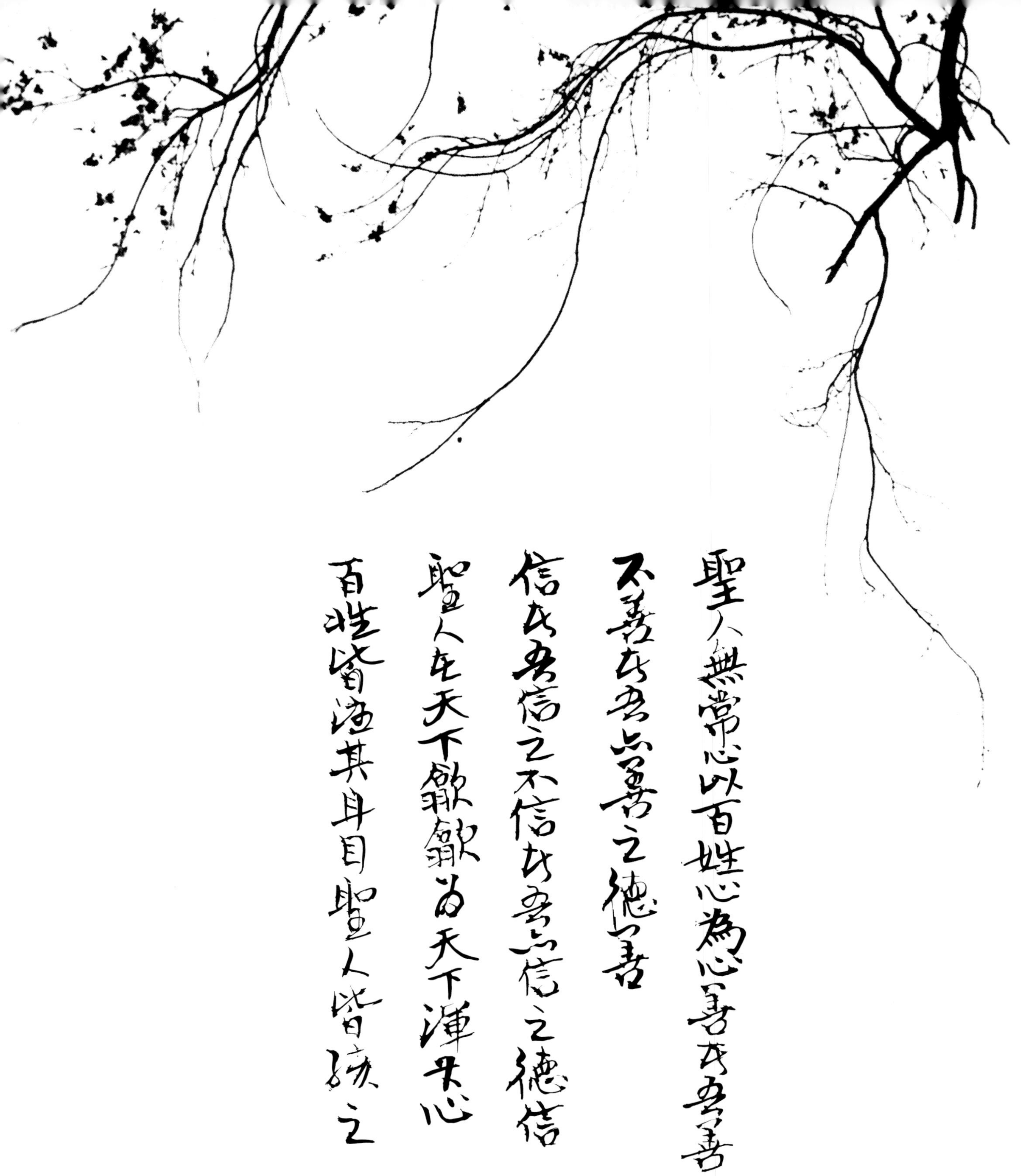

聖人無常心以百姓心為心善者吾善之
不善者吾亦善之德善
信者吾信之不信者吾亦信之德信
聖人在天下歙歙為天下渾其心
百姓皆注其耳目聖人皆孩之

FÜNFZIG

Zwischen Geburt und Tod
Folgen drei von zehn dem Leben,
Drei von zehn folgen dem Tod,
Jene, die sich nur von Geburt zum Tod bewegen,
Sind auch drei von zehn.
Warum ist dies so?
Weil sie sich im Leben zu sehr verwöhnen.

Jene, die zu leben wissen,
Treffen auf dem Land weder Nashorn noch Tiger an.
Im Krieg benötigen sie weder Rüstung noch Waffen.
Nashörner finden an ihnen keine Stelle ihr Horn zu stoßen,
Tiger finden keine Stelle ihre Krallen anzusetzen
Und Waffen keine Stelle sie zu durchbohren.
Warum ist dies so?
Weil in ihnen kein Raum für Tod ist.

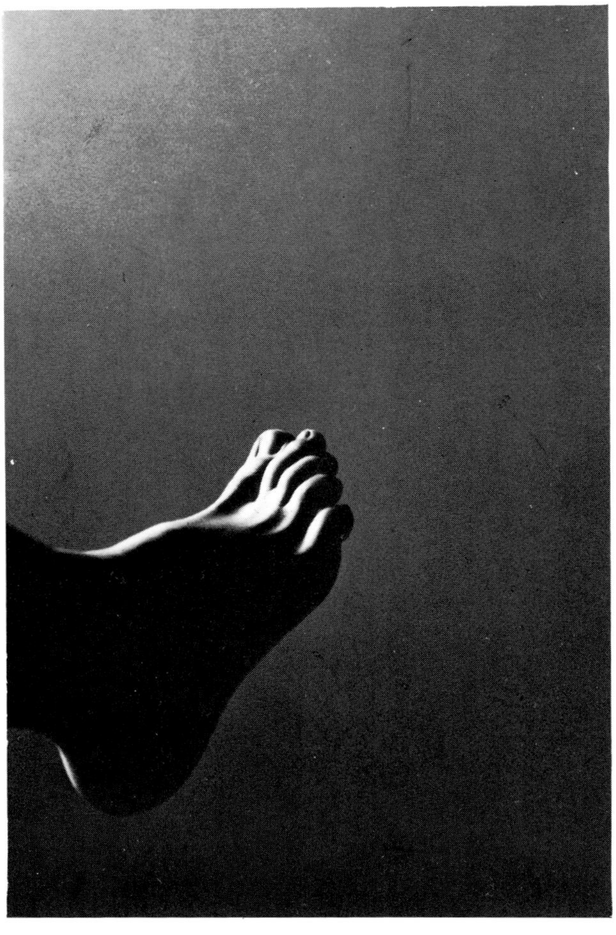

出生入死生之徒十有三死之徒十有三人之生動之死地亦十有三
夫何故以生生之厚
蓋聞善攝生者陸行不遇兕虎入軍不被甲兵
兕無所投其角虎無所措其爪兵無所容其刃
夫何故以其無死地

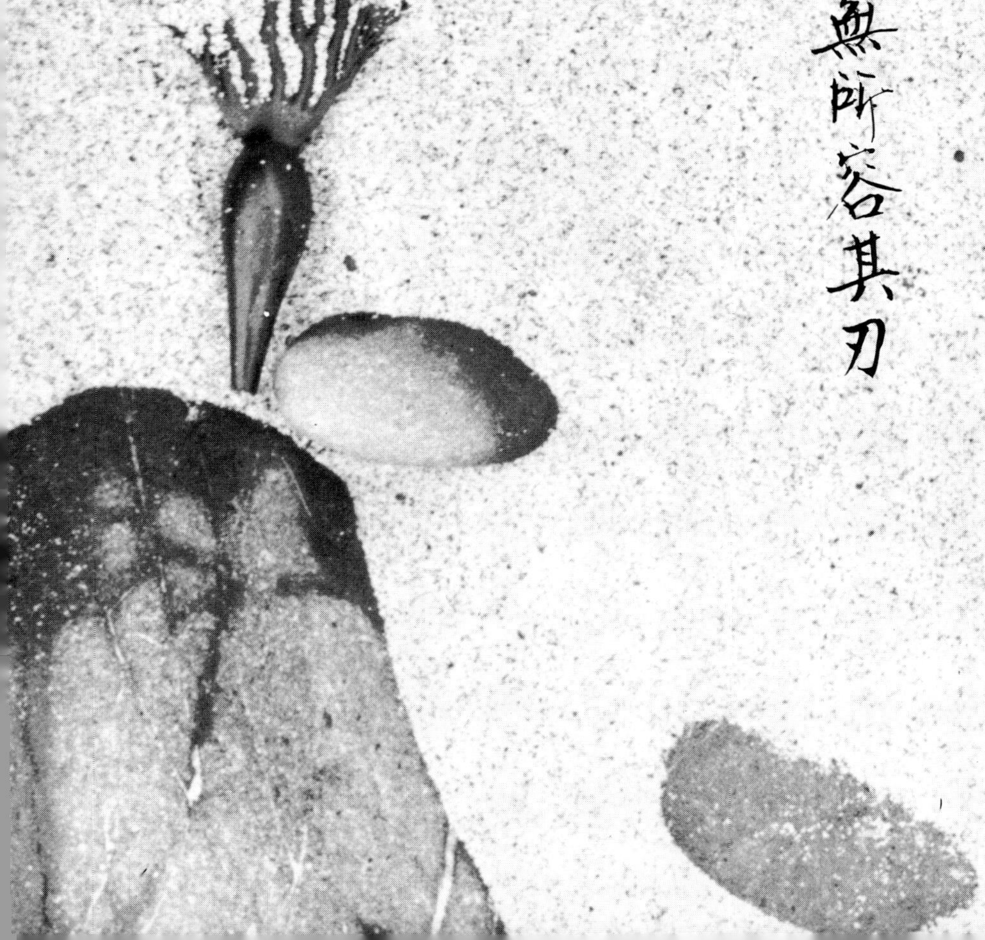

道生之德畜之物形之勢成之
是以万物莫不尊道而貴德
道之尊德之貴夫莫之命而常自然
故道生之德畜之長之育之亭之毒之养之覆之
生而不有为而不恃長而不宰是謂元德

EINUNDFÜNFZIG

Alle Dinge entstehen aus dem Weg.
Die Tugend veredelt sie,
Das Stoffliche verleiht ihnen Form.
Die Umwelt gibt ihnen Gestalt.
Die zehntausend Dinge achten alle den Weg und ehren die Tugend.
Die Achtung vor dem Weg und das Ehren der Tugend
Kommen aus eigenem Antrieb, ohne Anweisung.

Der Weg schenkt Leben.
Die Tugend zieht auf,
Entfaltet, umsorgt,
Gibt Zuflucht, heilt,
Nährt und beschützt.
Gebären, ohne zu besitzen,
Handeln, ohne Ansprüche zu stellen,
Wachsen lassen, ohne zu kontrollieren,
Dies ist ursprüngliche Tugend.

天下有始以為天下母既知其母以知其子既知其子復守其母
沒身不殆塞其兌閉其門終身不勤開其兌濟其事終身不救
見小曰明守柔曰強用其光復歸其明無遺身殃是為習常

ZWEIUNDFÜNFZIG

Es gibt einen Anfang des Kosmos,
Die Mutter aller Dinge.
Die Mutter zu kennen heißt, den Sohn zu kennen.
Den Sohn zu kennen, und doch in Verbindung mit der Mutter zu bleiben,
Heißt, bis ans Lebensende ohne Sorge zu sein.

Verschließe die Sinne,
Schließe das Tor,
Und Leben ist immer voll.
Öffne die Sinne,
Sei immer viel beschäftigt,
Und Leben ist jenseits von Hilfe.

Das Kleine zu sehen, ist Einsicht;
Behutsames Nachgeben ist Stärke.
Das Helle benutzen, zur Klarheit zurückkehren,
So hinterläßt es am Körper keinen Schaden.
Das heißt, sich in Beständigkeit üben.

使我介然有知行於大道唯施是畏
大道甚夷而民好徑
朝甚除田甚蕪倉甚虛服文綵帶利劍猒飲食
財貨有餘是謂盜夸非道也哉

DREIUNDFÜNFZIG

Wenn ich auch nur ein bißchen Verstand habe,
Will ich den großen Weg gehen,
Und meine einzige Furcht wäre abzuweichen.
Der große Weg ist schlicht,
Die Menschen ziehen Ablenkungen vor.

Hofräume sind prachtvoll geschmückt,
Felder sind voller Unkraut,
Getreidespeicher sind leer.
Menschen kleiden sich in schmuckvolle Stickereien,
Tragen scharfe Schwerter,
Verwöhnen sich mit Essen und Trinken,
Besitzen übermäßigen Reichtum.
Räuberbarone sind sie.
Dies ist gewiß nicht die Art des Weges.

VIERUNDFÜNFZIG

Ein gutes Gebäude kann nicht erschüttert werden.
Ein guter Griff kann nicht gelöst werden.
Die Verehrung der Ahnen darf nicht vernachlässigt werden.

Pflege Tugend in dir selbst,
Und sie wird wahr sein.
Pflege Tugend in der Familie,
Und sie wird reichlich sein.
Pflege Tugend in der Dorfgemeinschaft,
Und sie wird gedeihen.
Pflege Tugend in der Nation,
Und sie wird im Überfluß vorhanden sein.
Pflege Tugend in der Welt,
Und sie wird weit verbreitet sein.

Betrachte das Selbst durch das Selbst;
Betrachte die Familie durch die Familie;
Betrachte die Dorfgemeinschaft durch die Dorfgemeinschaft;
Betrachte die Nation durch die Nation;
Betrachte die Welt durch die Welt.

Woher weiß ich, daß die Welt so ist?
Eben daher!

善建者不拔善抱者不脫子孙以祭祀不輟
修之於身其德乃真修之於家其德乃餘
修之於鄉其德乃長修之於國其德乃豐
修之於天下其德乃普
故以身观身以家观家以鄉观鄉以國观國
以天下观天下
吾何以知天下然哉以此

FÜNFUNDFÜNFZIG

Wer mit Tugend angefüllt ist, ist wie ein Neugeborenes.
Frei von Wespenstichen und Schlangenbissen;
Frei von den Klauen der wilden Tiere;
Frei von Angriffen der Raubvögel.
Die Knochen sind weich, die Muskeln zart,
Und doch ist der Griff fest.
Es hat die Vereinigung von Yin und Yang noch nicht erfahren,
Und ist doch voller Lebenskraft.
Dies ist das vollkommene Wesen.
Es schreit den ganzen Tag, ohne heiser zu werden.
Dies ist vollkommener Einklang.

Um Einklang wissen ist Beständigkeit.
Um Beständigkeit wissen ist Einsicht.

Das Leben zu verbessern, ist verhängnisvoll.
Die Kraft durch den Geist zu erzwingen, ist gewaltsam.
Ein wuchtiger Stoß ist nicht von Dauer.
Dies ist nicht die Art des Weges.
Was dem Weg widerspricht, findet ein frühes Ende.

含德之厚比於赤子蜂蠆虺蛇不螫猛獸不據攫鳥不搏骨弱筋柔而握固
未知牝牡之合而全作精之至也終日号而不嗄和之至也
知和曰常知常曰明
益生曰祥心使氣曰強物壯則老謂之不道不道早已

知者不言言者不知塞其兑閉其門
挫其銳解其分和其光同其塵
是謂玄同
故不可得而親不可得而疏不可得而利
不可得而害不可得而貴不可得而賤
故為天下貴

SECHSUNDFÜNFZIG

Jene, die wissen, reden nicht.
Jene, die reden, wissen nicht.

Verschließe die Sinne.
Schließe das Tor.
Nimm die Schärfe.
Löse die Verwirrung.
Mildere das Grelle.
Werde eins mit dem Staub.
Dies ist die ursprüngliche Einheit.

Sie ist jenseits von Vertrautheit oder Trennung,
Nutzen oder Schaden, Ehre oder Schande.
Daher wird sie von der Welt geachtet.

以正治國以奇用兵以無事取天下
吾何以知其然哉以此
天下多忌諱而民彌貧民多利器國家滋昏
人多伎巧奇物滋起法令滋彰盜賊多有
故聖人云我無為而民自化我好靜而民自正
我無事而民自富我無欲而民自樸

SIEBENUNDFÜNFZIG

Regiere eine Nation mit Gerechtigkeit.
Führe Krieg mit Überraschungsangriffen.
Gebrauche Nicht-Tun, um die Welt zu gewinnen.
Woher weiß ich, daß dem so ist?
Eben daher!

Je mehr Tabus und Verbote,
Desto ärmer die Menschen.
Je schärfer die Waffen,
Desto mehr Chaos in der Nation.
Je geschickter und schlauer die Menschen,
Desto mehr Zierrat und Luxus kommen auf.
Je mehr Gesetze und Regeln,
Desto mehr Banditen und Diebe.

Die Weisen sagen:
  Ich handle nicht, die Menschen werden umgewandelt.
  Ich erfreue mich der Ruhe, und die Menschen werden ehrlich.
  Ich tue nichts, und die Menschen werden reich.
  Ich habe kein Verlangen, und die Menschen kehren
    zu ihrer ursprünglichen Natur zurück.

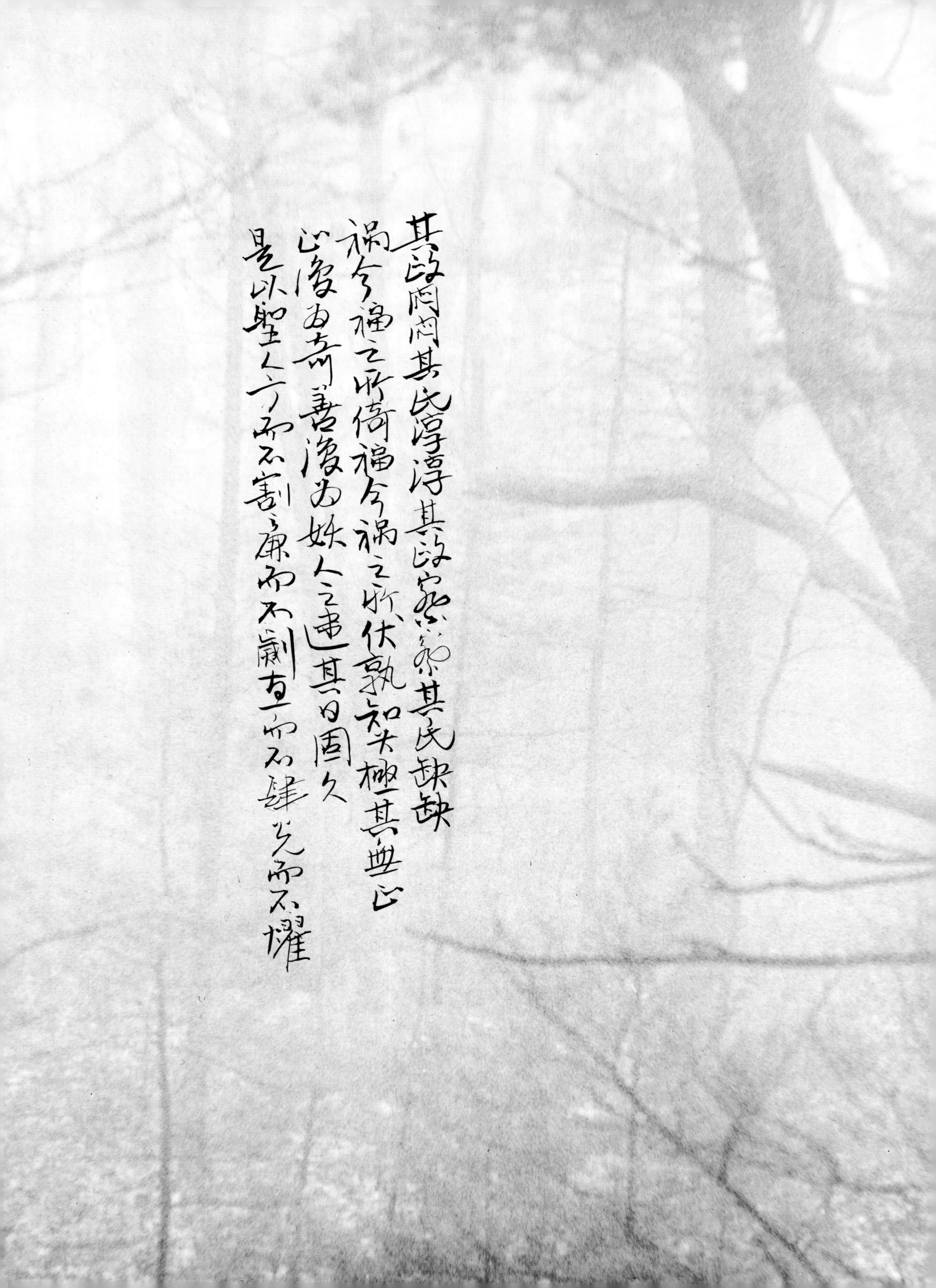

其政悶悶其民淳淳其政察察其民缺缺
禍兮福之所倚福兮禍之所伏孰知其極其無正
正復為奇善復為妖人之迷其日固久
是以聖人方而不割廉而不劌直而不肆光而不燿

ACHTUNDFÜNFZIG

Wenn das Land mit einer leichten Hand regiert wird,
Sind die Menschen schlicht und zufrieden.
Wenn das Land mit Strenge regiert wird,
Sind die Menschen verarmt und unzufrieden.

Glück ist im Unglück verwurzelt.
Unglück lauert hinter dem Glück.
Wer weiß ein Ende?
Gerechtigkeit wird verzerrt.
Güte wird zur Hexerei.
Zauber hält lange an.

Die Weisen sind scharf, doch nicht schneidend;
Treffend, doch nicht durchbohrend;
Geradeheraus, doch nicht zügellos;
Glänzend, doch nicht blendend.

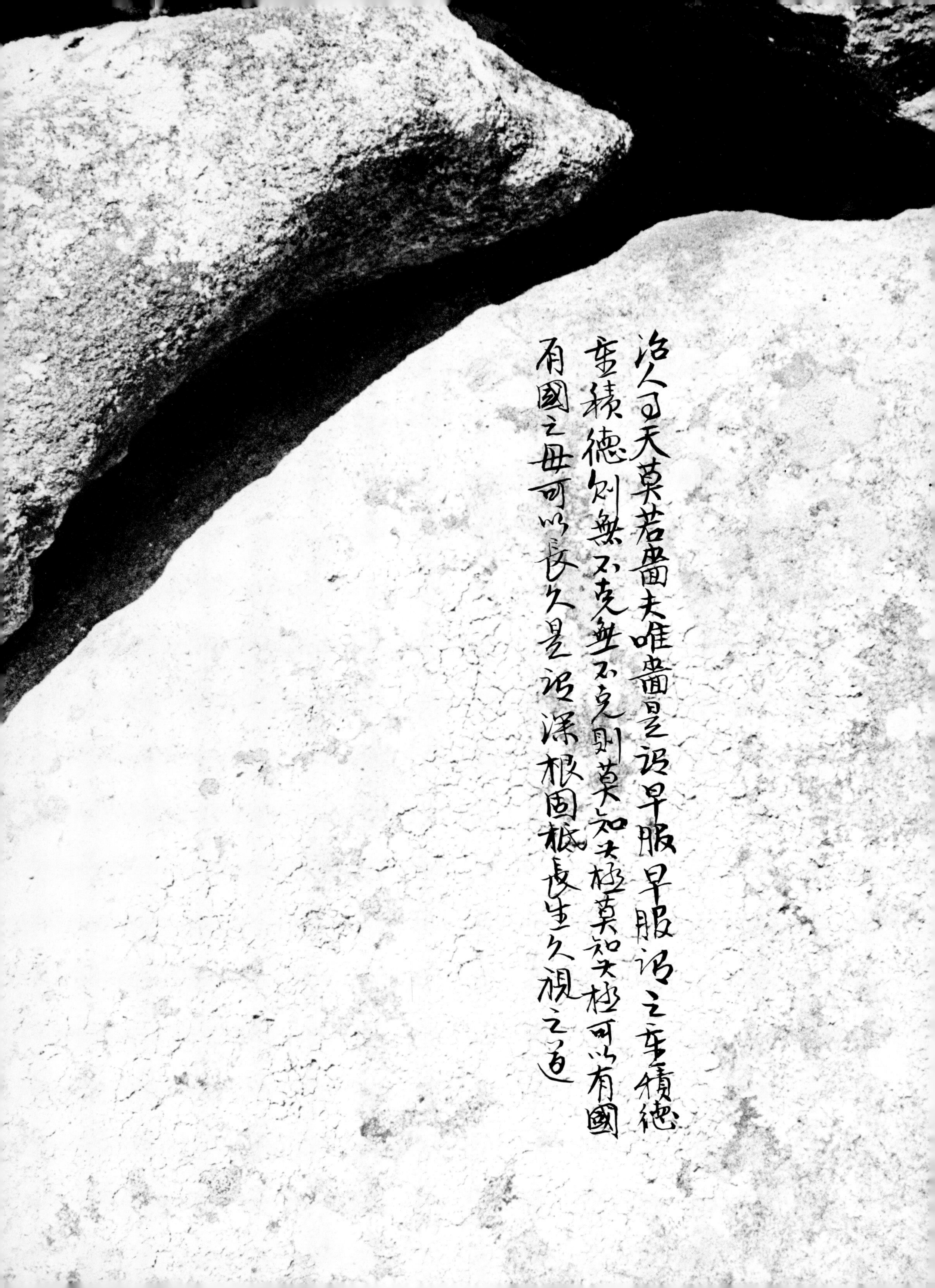
治人事天莫若嗇夫唯嗇是謂早服早服謂之重積德
重積德則無不克無不克則莫知其極莫知其極可以有國
有國之母可以長久是謂深根固柢長生久視之道

NEUNUNDFÜNFZIG

Um Menschen zu regieren und dem Himmel zu dienen,
Kommt nichts dem Gebrauch von Zurückhaltung gleich.
Zurückhaltung heißt sich frühzeitig aufgeben.
Frühzeitiges Aufgeben bedeutet lang angesammelte Tugend.
Wenn lang angesammelte Tugend da ist, kann nichts unbesiegt bleiben.
Wenn nichts unbesiegt bleiben kann, kennt keiner ihre Grenzen.
Wenn keiner ihre Grenzen kennt, kann eine Nation regiert werden.
Das mütterliche Regierungsprinzip gilt für eine lange Zeit.
Dies bedeutet tiefe Wurzeln und ein festes Fundament.
Der Weg langen Lebens und dauernder Voraussicht.

治大國若烹小鮮以道莅天下其鬼不神非其鬼不神
其神不傷人非其神不傷人聖人亦不傷人
夫兩不相傷故德交归焉

SECHZIG

Eine große Nation zu regieren, ist wie das Kochen eines kleinen Fisches.
Nähere dich der Welt mit dem Weg,
Und böse Geister haben keine Macht.
Nicht, daß sie machtlos wären,
Doch ihre Macht ist harmlos.
Nicht nur ihre Macht ist harmlos,
Die Weisen sind auch harmlos.
Sie schaden sich gegenseitig nicht,
So vereint sich die Tugend und kehrt zurück.

大國者下流，天下之交，天下之牝。

牝常以靜勝牡，以靜為下。

故大國以下小國，則取小國；小國以下大國，則取大國。故或下以取，或下而取。

大國不過欲兼畜人，小國不過欲入事人。

夫兩者各得所欲，大者宜為下。

EINUNDSECHZIG

Ein großes Land ist wie niedrig gelegenes Land.
Es ist der Sammelpunkt der Welt,
Es ist die Mutter der Welt.

Das Weibliche wendet Gelassenheit an, um zu besiegen;
Das Männliche gewinnt Gelassenheit durch Bescheidenheit.

Wenn ein großes Land sich zu einem kleinen herabläßt,
Gewinnt es das kleine Land.
Wenn ein kleines Land sich zu einem großen Land herabläßt,
Gewinnt es das große Land.
Sich herablassen, um zu gewinnen
Heißt sich herablassen, um gewonnen zu werden.

Ein großes Land muß sich ausdehnen und die Menschen ernähren;
Ein kleines Land muß sich anschließen und den Menschen dienen.
Wenn beide ihre Bedürfnisse erfüllen,
Ist es für ein großes Land angemessen bescheiden zu sein.

ZWEIUNDSECHZIG

Der Weg ist der Ursprung der zehntausend Dinge.
Er ist der Schatz des Guten und die Zuflucht des Schlechten.
Süße Worte sind für den Markt;
Ehrenhafte Taten sind für die Menschheit.
Auch wenn Menschen schlecht sind, warum sie aufgeben?
Wenn der Herrscher gekrönt ist
Und die Minister eingesetzt sind,
Obwohl sogar Gaben von Jade gebracht werden und ein Gespann Pferde,
Lege besser die Hände in den Schoß und biete den Weg an.
Warum wird der Weg seit alten Zeiten geehrt?
Ist es nicht deshalb, weil man findet, was man sucht und
weil einem vergeben wird, wenn man sündigt?
Deshalb wird er von der Welt geehrt.

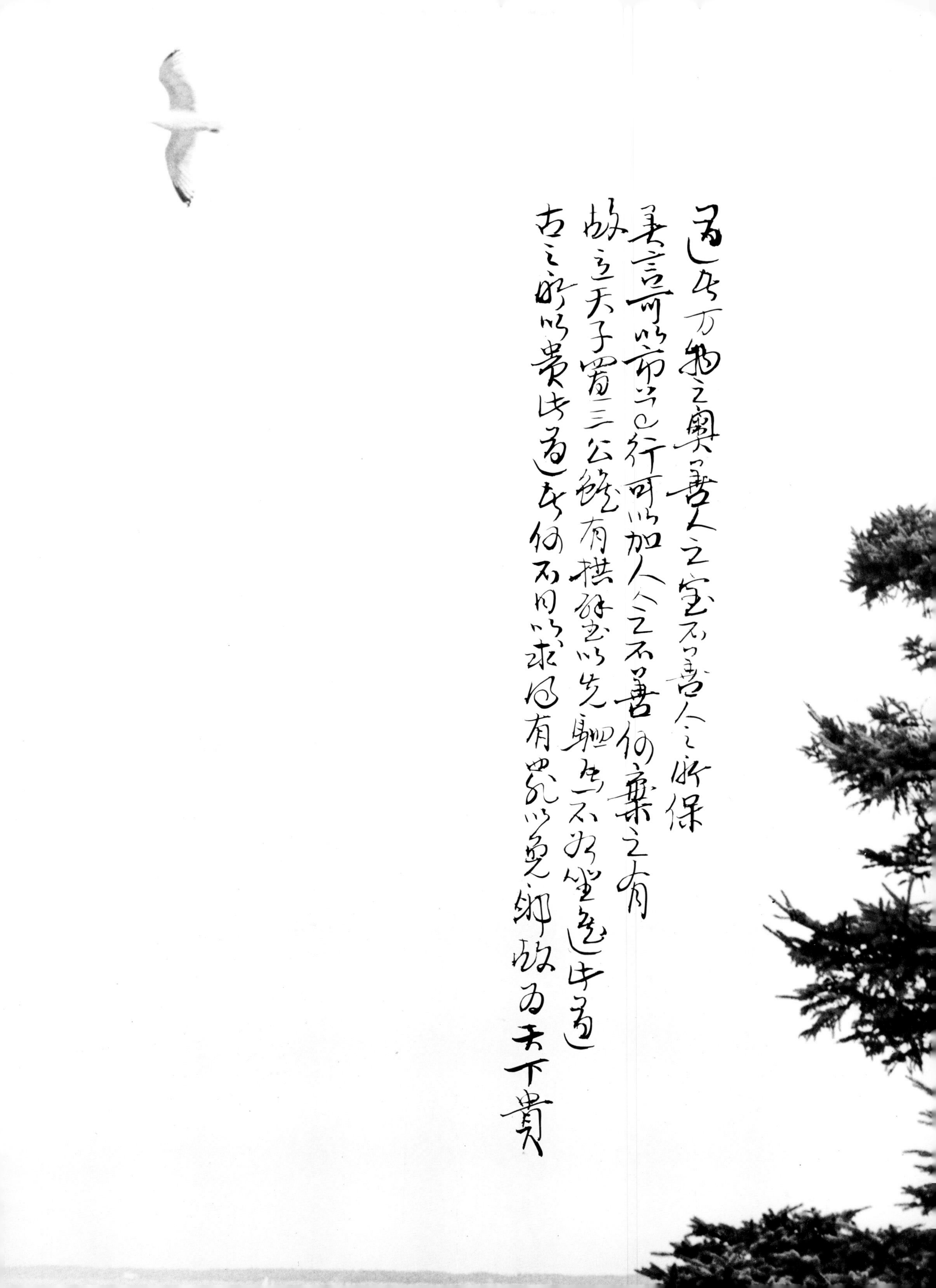

道者万物之奧善人之宝不善人之所保
美言可以市尊行可以加人人之不善何棄之有
故立天子置三公雖有拱璧以先駟馬不如坐進此道
古之所以貴此道者何不曰以求得有罪以免邪
故為天下貴

DREIUNDSECHZIG

Handle, ohne zu handeln.
Tue, ohne zu tun.
Schmecke, ohne zu schmecken.
Vergrößere das Kleine, vermehre das Wenige.
Belohne Bitterkeit mit Tugend.

Suche das Schwierige im Einfachen.
Erreiche Größe im Kleinen.

In der Welt müssen schwierige Aufgaben auf einfache Art gelöst werden.
Große Taten müssen durch kleine Schritte erreicht werden.
Die Weisen beabsichtigen keine Größe,
Daher erreichen sie Größe.

Leichtfertige Versprechen flößen wenig Vertrauen ein.
Große Leichtigkeit bringt viele Schwierigkeiten.
Die Weisen sind sich dessen bewußt
Und haben daher keine Schwierigkeiten.

為無為事無事味無味大小多少報怨以德
圖難于其易為大于其細天下難事必作于易
天下大事必作于細是以聖人終不為大故能成其大
夫輕諾必寡信多易必多難是以聖人猶難之
故終無難矣

其安易持其未兆易谋其脆易泮其微易散為之於未有治之於未乱
合抱之木生于毫末九層之台起于累土千里之行始于足下
為者敗之执者失之是以聖人無為故無敗無执故無失
民之從事常于幾成而敗之慎終如始則無敗事
是以聖人欲不欲不貴難得之貨學不學復衆人之所過
以輔万物之自然而不敢為

VIERUNDSECHZIG

Das, was ruht, kann leicht gehalten werden;
Das, was noch nicht eindeutig ist, kann leicht behandelt werden.
Das Spröde wird leicht zerbrochen;
Das Kleine wird leicht zerstreut.

Befasse dich mit dem Problem, bevor es sich entfaltet.
Bringe die Dinge in Ordnung, bevor Unordnung herrscht.

Ein Baum, so dick wie eine Armspanne,
entsprießt einem winzigen Samenkorn.
Eine Terrasse mit neun Stufen,
beginnt mit einem Erdhaufen;
Eine Reise von tausend Meilen,
fängt mit einem Schritt an.

Wer eingreift, scheitert;
Wer festhält, verliert.
Die Weisen greifen nicht ein, somit scheitern sie nicht.
Sie halten nicht fest, somit verlieren sie nicht.

Gewöhnlich scheitern die Menschen an der Schwelle zum Erfolg.
Verwende auf das Ende genauso viel Sorgfalt wie auf den Anfang,
Dann wird es keinen Mißerfolg geben.

Die Weisen suchen Freiheit von Verlangen.
Sie schätzen keine kostbaren Dinge.
Und lernen sich zu entwöhnen.
Sie bringen den Menschen zurück, was sie verloren,
Helfen den zehntausend Dingen ihre eigene Natur zu finden
Und enthalten sich einzugreifen.

FÜNFUNDSECHZIG

In alten Zeiten versuchten jene, die um den Weg wußten,
die Menschen nicht zu erleuchten,
Sondern hielten sie im Dunklen.
Warum ist es schwierig zu regieren?
Weil die Menschen zu schlau sind.
Eine Nation mit Schläue zu regieren,
Ist Verrat am Land.
Eine Nation ohne Schläue zu regieren,
Ist Segen für das Land.
Wisse um diese beiden Möglichkeiten
Als eine althergebrachte Regel.
Die alten Regeln zu verstehen, ist ursprüngliche Tugend.
Sie kehrt mit allen Dingen zurück
Zum großen Einen.

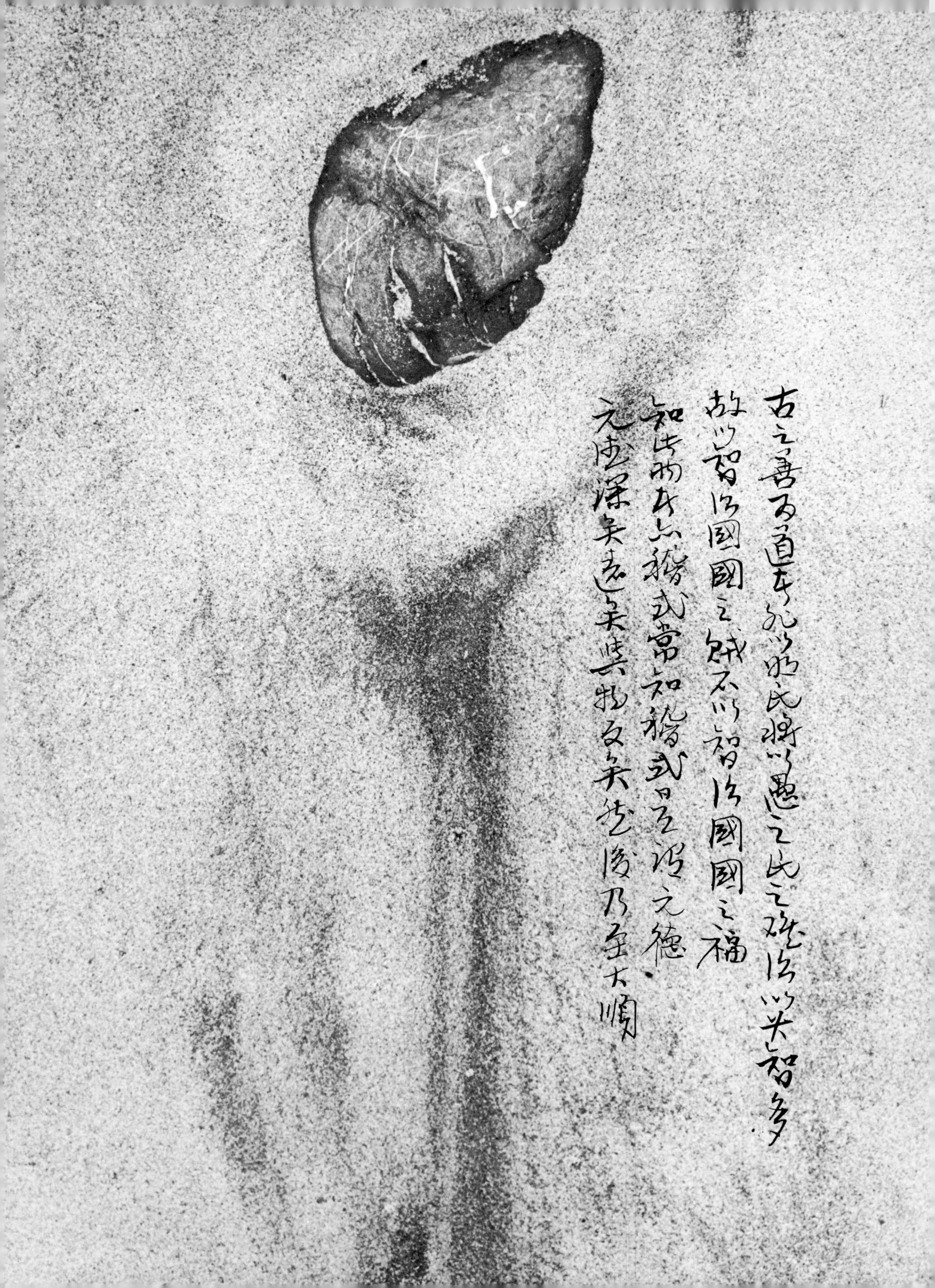
古之善為道者非以明民將以愚之民之難治以其智多
故以智治國國之賊不以智治國國之福
知此兩者亦稽式常知稽式是謂元德
元德深矣遠矣與物反矣然後乃至大順

江海所以能為百谷王者以其善下之故能為百谷王
是以欲上民必以言下之欲先民必以身後之
是以聖人處上而民不重處前而民不害
是以天下樂推而不厭以其不爭故天下莫能與之爭

SECHSUNDSECHZIG

Warum ist das Meer Herr der hundert Täler?
Weil es immer tiefer liegt als sie,
Daher ist es Herr der hundert Täler.

Um oben zu sein, muß man von unten sprechen.
Um vorne zu sein, muß man zurückbleiben.
Die Weisen stehen oben, und die Menschen fühlen sich
nicht unterdrückt;
Die Weisen gehen voran, und die Menschen nehmen keinen Schaden.
Die Welt kommt freudig zusammen, ohne ihrer überdrüssig zu werden.

Wer keinen Streit sucht,
Wird keinem Streit begegnen.

SIEBENUNDSECHZIG

Die ganze Welt sagt, der Weg ist groß, jedoch unschicklich.
Weil er groß ist, erscheint er nicht als anständig.
Wenn er anständig wäre, wäre er schon längst untergegangen.

Ich habe drei Schätze, die mir lieb und teuer sind.
Der erste ist Mitgefühl; der zweite Sparsamkeit;
Der dritte, nicht wagen voraus zu sein.
Mitgefühl gibt Mut; Sparsamkeit führt zu Großzügigkeit;
Nicht wagen voraus zu sein, gibt meinen Talenten Raum zu reifen.

Heutzutage geben die Menschen Mitgefühl auch für den Mut;
Sie verwerfen Sparsamkeit, doch versuchen großzügig zu sein;
Sie bleiben nicht zurück, sondern versuchen voraus zu sein.
Das ist tatsächlich der Tod.

Mitgefühl bringt Sieg im Kampf.
Dies ist die Art, wie der Himmel rettet und beschützt.

天下皆謂我道大似不肖夫唯大故似不肖若肖久矣其細也夫
我有三寶持而保之一曰慈二曰儉三曰不敢為天下先
慈故能勇儉故能廣不敢為天下先故能成器長
今舍慈且勇舍儉且廣舍後且先死矣
夫慈以戰則勝以守則固天將救之以慈衛之

善為士者不武善戰者不怒善勝敵者不與
善用人者為之下是謂不爭之德
是謂用人之力是謂配天古之極

ACHTUNDSECHZIG

Ein guter Krieger ist nicht kampflustig.
Ein guter Kämpfer ist nicht zornig.
Ein guter Gewinner ist nicht rachsüchtig.
Ein guter Dienstherr ist demütig.
Dies ist die Tugend des Nicht-Streitens.
Dies bedeutet, die Stärke der Menschen zu gebrauchen.
Es ist das Höchste der himmlischen Ahnen.

用兵有言吾不敢為主而為客不敢進寸而退尺
是謂行無行攘無臂扔無敵執無兵
禍莫大於輕敵輕敵幾喪吾寶故抗兵相加哀者勝矣

NEUNUNDSECHZIG

In der "Kunst des Kriegführens" gibt es eine Redensart:
  Ich wage es nicht Gastgeber zu sein, sondern bin lieber Gast;
  Ich wage es nicht einen Zoll vorzurücken, sondern
    weiche lieber einen Fuß zurück.

Dies ist marschieren, ohne daß es als marschieren erscheint,
Die Ärmel hochkrempeln, ohne die Arme zu zeigen,
Den Feind angreifen, ohne anzugreifen,
Bewaffnet sein ohne Waffen.

Es gibt keine größere Katastrophe, als den Feind zu unterschätzen.
Indem ich den Feind unterschätze, verliere ich fast was mir lieb ist.

Wenn man sich in den Kampf begibt,
Gewinnt der Unterlegene.

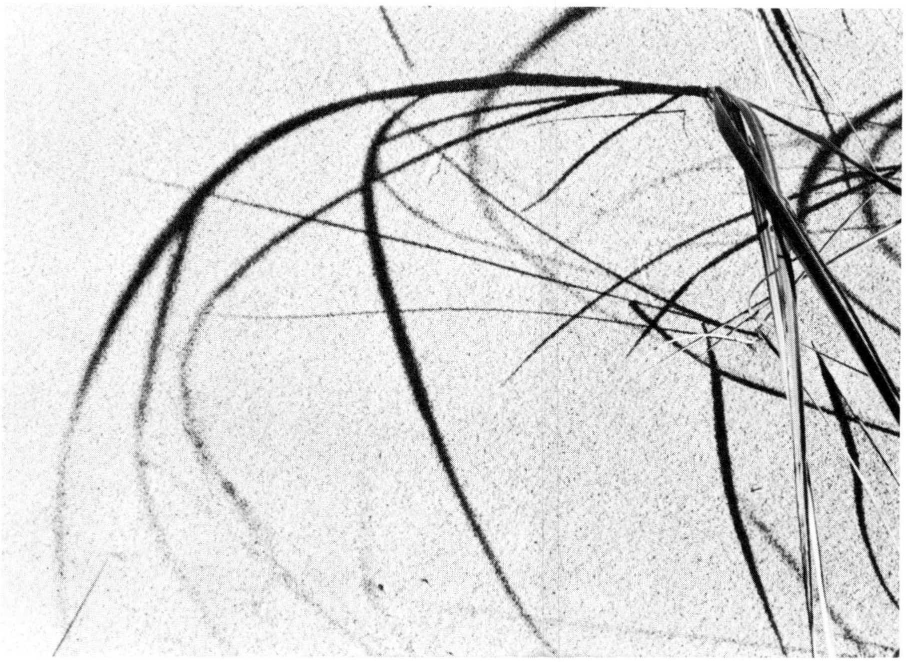

SIEBZIG

Meine Worte sind leicht zu verstehen und leicht zu befolgen.
Doch niemand in der ganzen Welt kennt sie oder folgt ihnen.

Worte haben Ahnen.
Taten haben Ansehen.
Menschen sind unwissend, deshalb kennen sie mich nicht.

Jene, die mich kennen, sind wenige;
Jene, die mich nachahmen, werden geehrt.
Daher trägt der Weise grobe Kleidung
und hält den Juwel im Herzen.

吾言甚易知甚易行天下莫能知莫能行
言有宗事有君夫唯無知是以不我知
知我者希則我者貴是以聖人被褐懷玉

EINUNDSIEBZIG

Zu wissen, daß man nicht weiß, ist erhaben.
Nicht zu wissen, daß man weiß, ist krank.

Wenn jemand der Krankheit müde ist, ist er nicht krank.
Die Weisen sind nicht krank, sie sind der Krankheit müde.
Daher sind sie nicht krank.

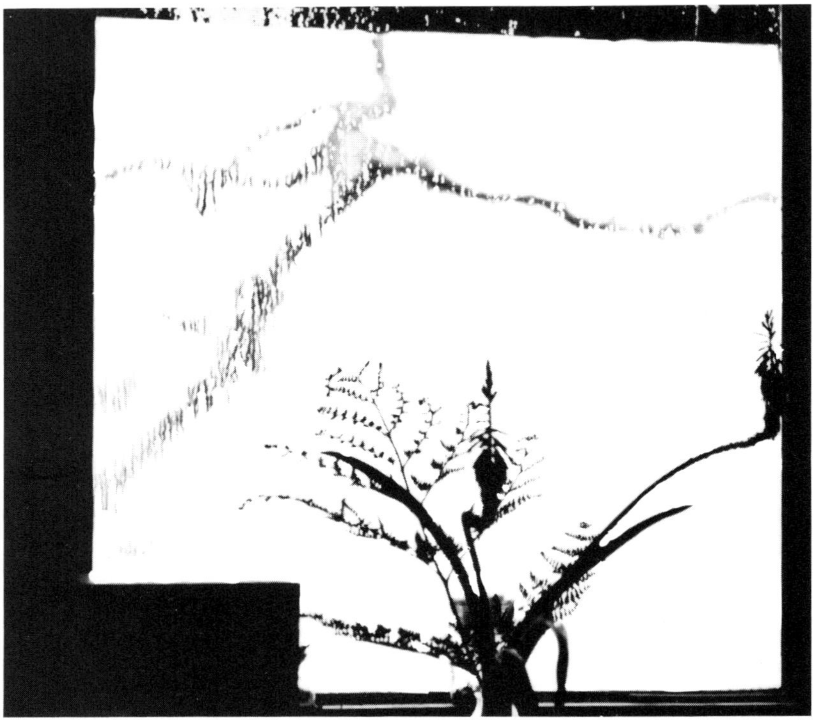

知不知上不知知病夫唯病病是以不病聖人不病以其病病是以不病

民不畏威則大威至
無狎其所居無厭其所生夫唯不厭是以不厭
是以聖人自知不自見自愛不自貴故去彼取此

ZWEIUNDSIEBZIG

Wenn es den Menschen am Sinn für Ehrfurcht mangelt,
dann wird etwas Ehrfurchtgebietendes kommen.

Dringe nicht in ihre Wohnungen ein.
Belästige sie nicht während der Arbeit.
Wenn du nicht eingreifst,
Werden sie nicht überdrüssig werden.

Die Weisen haben Selbsterkenntnis
doch ist es nicht offensichtlich.
Sie haben Selbstachtung, doch sie sind nicht stolz.
Jenes lassen sie los und wählen dieses.

DREIUNDSIEBZIG

Wer tollkühn wagt, stirbt.
Wer tollkühn ist nicht zu wagen, lebt.
Welches von diesen beiden nutzt und welches schadet?
Was der Himmel meidet, wer weiß schon warum?
Selbst die Weisen sind verblüfft.

Die Art des Himmels streitet nicht, jedoch besiegt.
Sie spricht nicht, jedoch antwortet.
Sie ruft nicht, jedoch die Menschen kommen von selbst.
Sie ist ungezwungen und gut geplant.

Des Himmels Netz, riesig, doch straff.
Grobmaschig, doch nichts geht verloren.

勇於敢則殺勇於不敢則活此兩者或利或害
天之所惡孰知其故是以聖人猶難之
天之道不爭而善勝不言而善應不召而自來
繟然而善謀天網恢恢疏而不失

民不畏死奈何以死懼之
若使民常畏死而為奇者吾得執而殺之孰敢
常有司殺者殺夫代司殺者殺是謂代大匠斲
夫代大匠斲者希有不傷其手矣

VIERUNDSIEBZIG

Wenn die Menschen den Tod nicht fürchten,
Wie kann man sie mit dem Tod bedrohen?

Wenn die Menschen sich ständig vor dem Tod fürchten
Und trotzdem das Gesetz brechen, kann ich sie ergreifen und töten.
Wer wagt es dann, das Gesetz zu brechen?

Gewöhnlich gibt es amtliche Henker, die töten.
Wenn du versuchst, ihren Platz einzunehmen,
Wäre es, als wolltest du die Zimmermeister ersetzen.
Wenn du sie ersetzt, werden nur wenige ihre Hände nicht verletzen.

民之饑以其上食稅之多是以饑民之難治以其上之有為是以難治民之輕死以其上求生之厚是以輕死夫唯無以生為者是賢於貴生

FÜNFUNDSIEBZIG

Warum hungern die Menschen?
Weil die Herrscher zu viel Geld in Form von Steuern aufzehren.
Daher hungern sie.

Warum sind die Menschen schwer regierbar?
Weil die Herrscher zu viel eingreifen.
Daher sind sie schwer regierbar.

Warum nehmen die Menschen den Tod nicht ernst?
Weil die Herrscher zu viel dem Leben abverlangen.
Daher nehmen sie den Tod nicht ernst.

Es ist besser wenig zu haben, wovon man lebt,
Als daß man zuviel hat, wofür man lebt.

人之生也柔弱其死也堅強萬物草木之生也柔脆
其死也枯槁故堅強者死之徒柔弱者生之徒
是以兵強則不勝木強則兵強大處下柔弱處上

SECHSUNDSIEBZIG

Zart und schwach wird man geboren.
Hart und steif ist man im Tode.
Zart und empfindlich sind die zehntausend Dinge,
Pflanzen und Bäume geboren.
Welk und spröde sind sie im Tode.

Das Harte und Steife folgt dem Tod.
Das Zarte und Weiche folgt dem Leben.

Eine starke Armee wird nie gewinnen.
Ein starker Baum wird gefällt.

Das Starke und Mächtige wird scheitern.
Das Zarte und Schwache wird siegen.

SIEBENUNDSIEBZIG

Ist die Art des Himmels nicht wie das Spannen des Bogens?
Das Obere senkt sich, und das Untere hebt sich.
Wenn die Sehne zu lang ist, wird sie gekürzt,
Wenn sie zu kurz ist, wird sie verlängert.

Die Art des Himmels ist, von denen zu nehmen, die zu viel haben
  Und sie gibt es jenen, die nicht genug haben.
Die Art der Menschen ist nicht so.
Sie nehmen von jenen, die nicht genug haben.
  Und geben es jenen, die schon zu viel haben.
Wer kann das Zuviel der Welt anbieten?
Nur die Menschen des Weges.

Die Weisen handeln, ohne Ansprüche zu stellen.
Erfüllen Aufgaben, ohne dabei zu verweilen.
Weisheit ist nicht da, um gezeigt zu werden.

天之道其猶張弓與高者抑之下者舉之
有餘者損之不足者補之
天之道損有餘而補不足人之道則不然損不足以奉有餘
孰能有餘以奉天下唯有道者
是以聖人為而不恃功成而不處其不欲見賢

天下莫柔弱於水而攻堅強者莫之能勝以其無以易之
弱之勝強柔之勝剛天下莫不知莫能行
是以聖人云受國之垢是謂社稷主受國不祥
是為天下王正言若反

ACHTUNDSIEBZIG

Nichts auf der Welt ist nachgiebiger und schwächer als Wasser.
Doch gibt es nichts Besseres, um das Feste und Starke anzugreifen.
In der Tat, es gibt nichts, das seinen Platz einnehmen könnte.
Das Schwache kann das Starke besiegen;
Das Zarte kann das Steife bezwingen.
Es gibt niemanden in der Welt, der das nicht weiß,
Doch niemand übt es aus.
Die Weisen sagen:
Jemand, der den Unrat der Nation auf sich nimmt,
Ist fähig Herr des Bodens und der Hirse zu sein.
Jemand, der den Fluch der Nation annimmt,
Verdient Herrscher des Landes zu sein.
Oftmals klingt die Wahrheit widersinnig.

和大怨必有餘怨安可以為善是以聖人執左契
而不責於人有德司契無德司徹
天道無親常與善人

NEUNUNDSIEBZIG

Nach einem erbitterten Streit muß einiger Groll zurückbleiben.
Wie können wir sagen, daß das gut ist?
Die Weisen erfüllen ihren Teil der Abmachung,
Jedoch fordern es nicht von den anderen.
Die Tugendhaften erfüllen ihren Teil,
Die Tugendlosen überwachen, was die anderen tun.
Der Weg des Himmels ist unparteilich.
Er verweilt immer im Guten.

小國寡民使有什伯之器而不用
使民重死而不遠徙雖有舟輿無所乘之
雖有甲兵無所陳之使人復結繩而用之
甘其食美其服安其居乐其俗
鄰國相望雞犬之声相聞
民至老死不相往來

ACHTZIG

Da gibt es ein kleines Land mit wenigen Menschen.
Obwohl es Werkzeuge gibt, die der Arbeit zehn- bis hundertmal
dienlicher wären, werden sie nicht benutzt.
Die Menschen nehmen den Tod ernst und reisen nicht weit.
Obwohl sie Boote und Wagen haben, benutzt sie niemand.
Obwohl sie Rüstungen und Waffen haben, stellt sie niemand zur Schau.
Um zu rechnen, kehren die Menschen zum Knoten von Schnüren zurück.
Ihre Nahrung ist geschmackvoll, ihre Kleidung ist schön,
Ihre Wohnungen friedvoll, ihre Sitten freudig.
Obwohl sie in Sichtweite ihrer Nachbarn leben
Und krähende Hähne und kläffende Hunde von der anderen
Seite des Weges zu hören sind,
Lassen sie einander in Ruhe, während sie alt werden und sterben.

信言不美美言不信善者不辯辯者不善知者不博博者不知
聖人不積既以為人己愈有既以與人己愈多
天之道利而不害聖人之道為而不爭

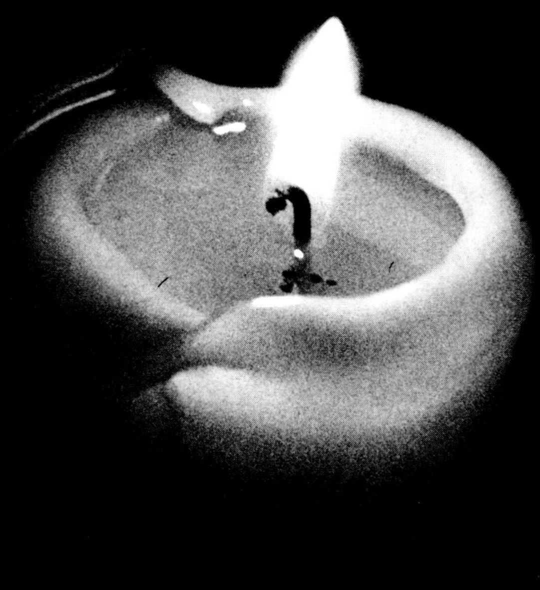

EINUNDACHTZIG

Wahre Worte sind nicht schön.
Schöne Worte sind nicht wahr.
Gute Menschen streiten nicht.
Jene, die streiten, sind nicht gut.
Jene, die wissen, sind nicht gelehrt.
Die Gelehrten wissen nicht.

Die Weisen horten nichts.
Je mehr man für andere tut, desto mehr hat man.
Je mehr man anderen gibt, desto mehr gewinnt man.
Die Art des Himmels ist zu nutzen, nicht zu schaden.
Die Art der Weisen ist zu handeln, ohne zu streiten.

EIN HINWEIS AUF DIE BEARBEITER DIESER AUSGABE

Gia-fu Feng wurde 1919 in Shanghai geboren, in China ausgebildet und kam 1947 in die Vereinigten Staaten, um Vergleichende Religionswissenschaft zu studieren. Er hat den Grad eines Bachelor of Arts von der Universität Peking und eines Master of Arts von der University of Pennsylvania. Er hat am Esalen-Institut, Big Sur unterrichtet und leitet nun die Stillpoint Foundation, ein taoistisches Meditationszentrum in Colorado. Gemeinsam mit Jerome Kirk ist er der Verfasser von **Tai Chi – A Way of Centering – & I Ching**, das im Jahre 1970 veröffentlicht wurde.

Jane English, deren Photographien einen wesentlichen Bestandteil dieses Buches bilden, wurde 1942 in Boston, Massachusetts, geboren. Sie hat den Grad eines Bachelor of Arts vom Mount Holyoke College und erhielt für ihre Arbeit über Hochenergie- und Elementarteilchen-Physik einen Doktortitel von der University of Wisconsin. Gemeinsam mit Gia-fu Feng als Gastdozent hat sie am Colorado College einen Kurs über Östliches Denken und Moderne Physik abgehalten. Sie ist an der Leitung der Stillpoint Foundation beteiligt.